A FILOSOFIA NO SÉCULO XX

COLECÇÃO STVDIVM
TEMAS FILOSÓFICOS, JURÍDICOS E SOCIAIS

HEINZ HEIMSOETH
PROFESSOR DA UNIVERSIDADE DE COLÓNIA

A FILOSOFIA
NO SÉCULO XX

TRADUÇÃO DO
Prof. CABRAL DE MONCADA

5.ª EDIÇÃO REVISTA E MELHORADA

ARMÉNIO AMADO, EDITORA
COIMBRA — 1982

NOTA À 4.ª EDIÇÃO

Novas correcções e algumas notas do tradutor, no intuito de precisar melhor, aqui e além, o pensamento do autor e, num ou outro caso, fazer abranger nele alguns pensadores mais recentes, eis o fim em vista desta 4.ª edição.

O seu simples aparecimento já só por si atesta a continuação do bom acolhimento do livro por parte do público e o crescente interesse pelos estudos filosóficos no nosso país.

Regozijemo-nos com isso.

Coimbra, Janeiro de 1964.

C. M.

NOTA À 3.ª EDIÇÃO

O aparecimento da terceira edição deste livrinho denuncia o bom acolhimento que o público tem continuado a dispensar-lhe.

Novas correcções foram agora mais uma vez introduzidas, no intuito de facilitar ainda mais a compreensão do texto. Aproveitou-se também o ensejo para a enriquecer com um outro estudo do autor sobre a nova Metafísica e uma crítica da moderna Filosofia vitalista e do Existencialismo.

O panorama filosófico contemporâneo, objecto do livro, torna-se assim mais amplo.

S. Silvestre, 1950.

C. M.

NOTA À 2.ª EDIÇÃO

A presente edição não difere da primeira no conteúdo. É uma simples reimpressão, da iniciativa do Editor. Em todo o caso, aproveitou-se o ensejo para rever cuidadosamente a tradução do texto original. Foram feitas numerosas correcções no emprego do léxico filosófico, no ponto de vista gramatical, e no estilo, de modo a tornar mais clara a inteligência de grande número de passos e a facilitar a leitura.

Esperamos que esta segunda edição encontre da parte do leitor o mesmo acolhimento da primeira.

Coimbra, 1941

C. M.

PREFÁCIO

Não há na literatura filosófica portuguesa, já de si tão pobre, um único trabalho que permita travar conhecimento com as últimas e mais recentes correntes de ideias que nos domínios da Filosofia vogam hoje pelo mundo. Assim — e afora aquilo que alguns, poucos, livros franceses e alguma tradução espanhola de extensos livros alemães tragam até nós — pode dizer-se que em Portugal se ignora muito razoavelmente o pensamento filosófico contemporâneo. Ignoram-se-lhe o fundo e a forma; a doutrina e os métodos; a agitação e as perspectivas; enfim, o seu espírito de renovação. E mais: ignoram-se dele também as relações que mantêm com a vida e as realidades práticas do nosso tempo, no campo das ciências, da moral, da religião, da política e do direito.

Há muito quem pense que em Filosofia está tudo dito, desde os gregos, e que assim nada já pode hoje dizer-se de novo. Como há quem pense que na vida moderna, tão sacudida por imperiosas necessidades de acção e dinamizada por interesses quase exclusivamente de ordem prática, não há já sequer lugar para a Filosofia. São estes dois erros que importa combater. Digamos: nunca o mundo filosófico viu abrirem-se-lhe perspectivas tão vastas, apesar de incertas, como hoje. Nunca a Filosofia nem, inclusivamente, a especulação metafísica se acharam tão perto da vida, junto à sua raiz, como hoje também. Numa palavra: nunca o pensamento filosófico conheceu talvez maior actividade do que no nosso tempo.

Movidos por esta convicção e desejosos de por algum modo concorrermos para que estes dois erros se dissipem, decidimo-nos a dar ao público português a versão do presente estudo do professor HEIMSOETH.

Constitui este estudo um simples capítulo — com o título: *A Filosofia no século xx* — inserido na última edição (de vulgarização) do clássico *Tratado de História da Filosofia (Lehrbuch der Geschichte der Philosophie)* de WINDELBAND, de 1935. Devemos declarar que não conhecemos actualmente melhor guia que nos preste para podermos fazer uma ideia, embora necessariamente sumária e incompleta, do que é a riqueza – a multiplicidade de formas, de sugestões e de perspectivas, se não novas, ao menos renovadas — do pensamento filosófico contemporâneo, principalmente no fecundo e inesgotável terreno espiritual alemão. Quem se interessar por estes domínios do pensamento encontrará porventura neste trabalho, de índole predominantemente histórica, um excelente estímulo para actualizar um pouco, se quiser, a sua cultura na matéria e, certamente, um rico manancial da melhor bibliografia sobre todos os assuntos. O carácter eminentemente sintético e panorâmico da exposição torna este trabalho particularmente apropriado para poder garantir ao leitor esta vantagem.

E dito isto, à laia de prólogo, apenas nos resta exprimir aqui ao autor, ao nosso eminente colega de Colónia, o professor HEIMSOETH, bem como ao Dr. BEAU, do *Instituto Alemão* de Coimbra, e ao editor de Tübingen, Sr. PAUL SIEBECK, a amabilidade com que eles, cada um por sua forma, nos proporcionaram todas as facilidades para levarmos a cabo este empreendimento.

Ao primeiro temos também a apresentar, simultaneamente com os nossos agradecimentos, os nossos pedidos de desculpa pela liberdade que muitas vezes fomos forçados a tomar no tocante à tradução, no esforço empregado para encaixar a riqueza do complexo pensamento germânico, profundo e sintético, dentro das formas mais analíticas e filosòficamente menos trabalhadas da nossa língua lusa. Respondemos, claro está, tão só pela escrupulosidade na versão do pensamento do autor; não, evidentemente, pelo respeito da letra.

S. Silvestre, Março de 1937.

C. M.

INTRODUÇÃO

É sabido que pelos fins do século XIX a Filosofia havia perdido, em amplos sectores da cultura e da ciência europeias, bastante do seu interesse e influência. Não faltaram então vozes a anunciar que o papel da Filosofia no desenvolvimento da vida espiritual do homem devia limitar-se ao campo histórico. Só numa visão histórica — dizia-se — esta disciplina podia ainda conservar algum interesse. Desta forma, os pensadores viram-se compelidos a colocar-se só na defensiva. Viram-se obrigados a provar primeiro o direito à vida e a legitimidade da Filosofia, o que aliás só em termos muito limitados lhes foi permitido fazer, antes de se abalançarem a empreender o seu estudo. Um profundo espírito de resignação espalhou-se assim pelo mundo, a tudo e todos invadindo, inclusivamente aos próprios representantes das maiores tradições filosóficas do passado. E até a contemplação retrospectiva do último grande período de florescimento dos estudos filosóficos nos começos do século transacto, que só agora começamos a apreciar na sua verdadeira grandeza, até essa, se para alguma coisa serviu, foi só para despertar nos mais recentes pensadores e filósofos desse século, inclusive na própria Alemanha, uma consciência mais escolástica do que outra coisa, em virtude da qual estes, sentindo-se meros

A FILOSOFIA NO SÉCULO XX

continuadores dos antigos, protenderam não só a restringir a investigação filosófica a problemas limitados e especiais, como ainda a cortar todas as ligações desta com as necessidades da vida e o progresso das ciências.

Com a entrada do século xx esta situação modificou-se, porém, profundamente. Pode afirmar-se que foi precisamente o próprio dinamismo das coisas que levou à sua reforma. Foi partindo do domínio das diferentes problemáticas e atitudes filosóficas, aliás tão estreitamente delimitadas, que se produziu o impulso que, pouco a pouco, conduziu a superá-las. À proporção que se foi tornando maior a distância com relação aos clássicos dum glorioso passado, os olhos foram ficando mais livres para se verem as realidades e o mundo de problemas inteiramente novos que se ia levantando, ao mesmo tempo que uma nova consciência se foi também formando para sabermos melhor como aceitar a herança desse mesmo passado. Assim, a obra do século xix, mesmo nas suas baixas de curva filosóficas, aparece-nos hoje sob uma outra luz. A Filosofia encontrou-se de repente colocada, ao acordar de novo, diante duma quantidade incalculável de grandes temas e problemas que, por sua vez, exigiram um renovado esforço de aplicação, bem como o emprego de novos princípios e métodos. E se, no que diz respeito ao campo da realidade experimental, no domínio das ciências, o terreno sobre o qual ela é chamada a trabalhar é hoje um terreno completamente revolvido pelo arado, não é menos verdade que, no respeitante à concepção da vida dos povos europeus e à nova conformação por estes dada às

INTRODUÇÃO

relações humanas e sociais, ele se acha também, por outro lado, não só perante abalos e deslocamentos de terreno cada vez mais profundos como perante certas intencionalidades de acção que não têm precedente na história. O trabalho de rigorosa delimitação das respectivas esferas de competência entre a Filosofia, por um lado, e a Ciência e a prática da vida, pelo outro, perdeu toda a sua significação e oportunidade, como as perdeu o de querer medir ainda hoje a compasso as grandiosas construções dos sistemas de outras idades que na sua experiência da vida foram ou mais ricas ou mais limitadas que a nossa. Aquilo que caracteriza o novo *Estilo* da Filosofia, é, pelo contrário, a coragem das problemáticas, o vigoroso impulso da investigação, e de modo algum a preocupação com a segurança dos métodos ou com o bem-acabado das suas construções. Não seria exagerado dizer que a Filosofia, não obstante a sensibilidade mais delicada com que regista a grandeza da fecunda obra do passado e não obstante a maior confusão e dissídio que reinam no seu seio, se sente hoje mais no princípio do que no fim da sua carreira. É que a problemática do ser e da existência tornou-se hoje muito mais profunda do que era outrora.

O esforço para se compreender melhor a si mesmo que o nosso tempo, tão agitado, procura alcançar, está-se rapidamente deslocando para o campo da história e, assim, não é para estranhar que ele, na procura dessa compreensão, esteja tentando fazer reviver figuras do final do século XIX cuja original grandeza só agora começa a ser verdadeiramente compreendida. É o que se passa, por exemplo, na

Alemanha, com Nietzsche e Dilthey. Só algumas dezenas de anos depois da sua morte é que o vigoroso poder de sugestão do primeiro e a profunda intenção filosófica do segundo (e também a missão do «seu tempo» por eles proclamada) começaram a impor-se aos espíritos, ampliando-se e tornando-se deste modo mais profundo o «sentimento da nossa própria contemporaneidade».

A Filosofia dos nossos dias pode ser caracterizada, dum modo geral, pelos seguintes traços:

Partindo da grande transformação operada nas condições da vida e da sua própria missão, a Filosofia dos nossos dias procura, antes de tudo, estabelecer novas ligações com o passado e outras formas de o interpretar. Abandona progressivamente — no campo histórico-filosófico, que desde o século XIX se tinha extraordinariamente ampliado — a orientação que consistia na reprodução essencialmente retrospectiva dos grandes sistemas clássicos e na investigação puramente filológica, de pormenor, dos textos e opiniões. Em vez disso, procura estabelecer uma mais estreita ligação entre a própria História da Filosofia e a consciência dos problemas actuais.

Não é, portanto, às grandes tradições do passado que a Filosofia do século XX vai buscar o princípio e a linha orgânica do seu desenvolvimento, como se ela fosse apenas uma continuação ou renovação dessas tradições. É, antes de mais nada, em luta com elas que essa Filosofia se nos apresenta: em luta contra a atitude de pensamento e a consciência duma época que se tinham tornado avassaladoras do espírito e exerciam, desde o século XIX, uma extraordinária

INTRODUÇÃO 19

hegemonia sobre a vida e o próprio domínio científico. Referimo-nos ao *Naturalismo*, ou à chamada também *concepção cientifico-natural do* mundo, ou o *Cientismo*. A entrada do novo século achou-se, como é sabido, para amplos sectores da Cultura europeia, sob o signo do «*Monismo*», tal como o formularam, na Alemanha, por exemplo, HAECKEL, nos seus *Enigmas do Universo* (1899), ou, na França, LE DANTEC, pretendendo fazer ver aí a verdadeira Filosofia como concepção científica do mundo. Pela mesma época, procurou também conquistar as massas, arvorando o mesmo tom enfático duma doutrina pretendida científica, essa híbrida aliança entre a *Teoria económica da História*, de K. MARX, e o *Materialismo* científico-natural, que, com o nome de «Materialismo dialéctico», pretendeu apresentar-se como a definitiva concepção do mundo, de um mundo enfim liberto de todas as ideologias registadas pela História da Filosofia (LENINE, o *Materialismo e o Empiriocriticismo*). E foi ainda nessa mesma época que, em numerosos meios científicos e cultos, dominaram também soberanas, em todos os países europeus, as atitudes mentais do *Positivismo* francês e inglês com as suas limitações críticas e agnósticas, não obstante a sua pretensão de terem a posse exclusiva da verdade científica. Todas estas correntes de ideias, que aliás ainda hoje exercem a sua influência, conseguiram, com efeito, nos começos deste século levar essa influência muito para além do campo científico e filosófico; chegaram, como se sabe, a influir sobre as concepções da vida, sobre o processo de formação de todas as nossas ideias e até a determinar todas as visões do futuro que essa época alimentou.

20 A FILOSOFIA NO SÉCULO XX

As diferenças entre estas várias atitudes de pensamento entre si aparentadas, a que acabamos de nos referir, não carecem de ser aqui expostas. Limitamo-nos por isso a registar apenas os traços comuns que as unem. Estes são: *Primeiro*, — uma metodologia e uma concepção primordial do ser, extraídas das ciências naturais do inorgânico, especialmente da Física do século xix; estas metodologias e concepção do ser são transportadas para a nossa representação de todo o real. *Segundo:* — todo o ser, senão na substância, pelo menos na estrutura, é tido como fundamentalmente homogéneo; diferenças de essência entre as coisas não podem admitir-se nos domínios da experiência e da realidade. *Terceiro:* — compreender é o mesmo que *explicar* as coisas pelas suas *causas*, ou causalmente; as leis de sucessão e de continuidade regular dos fenómenos no tempo, verificadas pela indução, constituem as únicas e decisivas estruturas determinantes (ou de determinação) do ser. *Quarto:* — o *determinismo causal* é, naturalmente, também a respeito do homem e da história, a própria verdade evidente; a «liberdade», ou o *livre-arbítrio*, não passam duma invenção de alguns metafísicos e teólogos. Portanto: conhecer cientificamente o homem e as suas coisas, nada mais é do que, quer por meio da Psicologia, quer da Sociologia, quer por outro qualquer meio, verificar certos factos e sabê-los ligar por meio de relações de índole causal. *Quinto:* — aquilo a que chamamos *valor*, *sentido*, e *dever-ser* da vida e das formas da Cultura nas disciplinas que se ocupam destas coisas, são também puros factos; estas disciplinas devem ser, portanto, constituídas segundo o tipo das outras ciências que tratam dos *factos*. «Valor» e «sentido», de resto, deixam de ter lugar dentro duma visão científica do mundo. O pensamento determinista das causas deve substituir-se em tudo ao pensamento teleológico dos fins, tanto no campo da Física como no da Psicologia, como no das ciências da sociedade humana e do Espírito. Assim como todo o ser e todo o processo evolutivo se decompõem em elementos mais simples, e assim como tudo o que é múltiplo se explica pelas suas partes, do mesmo modo também todo o «mais elevado», no edifício da realidade, deve ser reduzido ao «menos elevado», nos entido da complexidade

INTRODUÇÃO 21

decrescente, consistindo nisso a sua *explicação*. As aparentes diferenças de essência (como, por exemplo, as que ocorrem entre o homem e o animal, entre a matéria e a vida orgânica) não são mais do que degraus duma escada; todas as supostas multiplicidades qualitativas e as aparentes diversidades irredutíveis do ser, da realidade concreta, no fundo, não passam de diferenças *quantitativas* e de complexos de relações. *Sexto* e finalmente: — a ideia de *evolução*, emancipada de todas as superstições teleológicas, fixada dum modo positivo sobretudo pelos princípios da conservação da energia e da adaptação ao meio, é a ideia que nos deve permitir explicar as formas ainda as mais elevadas da vida, como é a do espírito humano. O Espírito também é Natureza. Natureza, realidade e mundo da nossa experiência são uma só e a mesma coisa, como nos mostra hoje a ciência. Daqui se conclui, portanto, com toda a evidência, que pôr quaisquer questões e formular quaisquer problemas para além deste terreno, é pôr questões e formular problemas que cientificamente não podem ter sentido. A Filosofia como Metafísica deixou de existir.

É a esta concepção — que fundamentalmente dominou todas as manifestações do pensamento teorético europeu durante o século xix e parte do xx e que invadiu o espírito de todas as ciências e as uniformizou debaixo dum tipo comum de «conhecer» e «compreender» — é a esta concepção, repetimos, que se dá o nome de «concepção científico-natural» do mundo, de *Cientismo*, ou ainda, de *Naturalismo*.

CAPÍTULO I

OS PROBLEMAS DO CONHECIMENTO

No momento do século passado em que a «concepção científica do mundo», elaborada pelo *Naturalismo*, ameaçava deitar pela borda fora não só a Metafísica como a própria Filosofia, julgada inútil, ou convertida ela própria também em «ciência», nesse mesmo momento nasceu, como que a opor-se a tais ambições, uma nova consciência à Filosofia: a de que, pelo menos, sempre era a ela que competia construir uma *Teoria* do próprio «conhecimento científico». Os primeiros passos desta atitude podem ver-se na restauração do *Kantismo* que, a partir de então, não tardou em alcançar, em quase todos os países da Europa, uma aceitação e importância cada vez maiores. Daqui resultou que nas últimas décadas do século passado o sentido e o direito à vida da Filosofia passaram a ser, em larga escala, discutidos e afirmados precisamente a propósito da problemática da Teoria do conhecimento *(Crítica do conhecimento)* e, muito particularmente, no terreno das investigações relativas aos «fundamentos lógicos» das ciências chamadas *exactas*. E é evidente que, na medida em que uma tal reflexão — liberta de toda a Metafísica e de todas as pretensões duma construção sistemática do universo, bem como de todas as afirmações e pressu-

24 A FILOSOFIA NO SÉCULO XX

postos ontológicos do *Naturalismo* — passou a recair sobre os pressupostos lógicos do próprio trabalho científico (método e princípios racionais), a Filosofia, ao menos como primeira e fundamental «Ciência das ciências», não podia deixar de vir a ocupar um lugar insubstituível no próprio quadro do conhecimento científico. Foi por isso que os problemas da *Lógica* e da *Teoria do conhecimento*, os da *Metodologia* e da *Teoria das ciências*, assumiram nesta época um tão notável desenvolvimento e vieram a ocupar um tão importante lugar, atraindo a atenção das melhores cabeças no campo científico, convencidas de que os fundamentos das ciências, sob o peso dos novos factos e teorias, estavam reclamando uma total revisão. E, na verdade, foi então que começou a produzir-se um ingente trabalho neste campo, que ainda hoje não pode considerar-se concluído.

Deve notar-se que uma boa parte deste trabalho não é, no fundo, senão a continuação, dentro do quadro dos novos temas, da mesma atitude mental do *Positivismo*. Transpondo as fronteiras dos países de origem e os limites do século xix, conquistou este *Neopositivismo*, orientado no sentido da crítica do conhecimento, uma sólida posição principalmente na Áustria (M. Schlick, «Círculo de Viena»). Esta doutrina neopositivista só admite verdadeiro conhecimento no conhecimento de tipo matemático-científico-natural com as suas categorias lógicas. Pretende expulsar da Filosofia todos os problemas do ser e da realidade reservados às ciências; estes, como problemas metafísicos, não passam de pseudo-problemas. Eis a doutrina a que chega o *Neopositivismo*, ao partir duma reflexão sobre os elementos do conhecimento e sobre os métodos. Aceite previamente, neste terreno, a indiscutibilidade dum tal ponto de partida, torna-se manifesto que todas as restantes

OS PROBLEMAS DO CONHECIMENTO

supostas manifestações da Realidade, como, por exemplo, as que se produzem nas *Ciências do espírito* não passam de derivações secundárias daqueles único ser e realidade de que tratam as ciências, não sendo o seu conhecimento mais que pseudo- -conhecimento, isto é, puro subjectivismo (Schlick). Deste modo, pode dizer-se que o homem, o espírito, a história, passam a ser contemplados através duma *Teoria do conhecimento* e de métodos que já se acham prefixados, despojando-se o estudo daqueles de todo o dogma ontológico, o que leva a desconhecer por completo a sua verdadeira essência. Mas o que é indiscutível é que esta atitude de pensamento com todos os seus pressupostos, muitos deles inconscientes, não só domina ainda hoje uma grande parte da especulação lógico-filosófica entre os investigadores de educação científico-naturalista, como se está revelando também, duma maneira decisiva, nas mais recentes construções da Lógica matemática e da Logística; por exemplo, em Russel, Whitehead, C. J. Lewis, Lukasciewcz e Carnap[1].

---

[1] *N. T.* A estes nomes podem acrescentar-se ainda os de Wittgenstein e Reichenbach. O primeiro (1889-1951), discípulo e amigo de Russel, tornou-se notável sobretudo pela sua doutrina de que o conhecimento não passa de reprodução ou cópia de meros *factos*, independentes uns dos outros, não sendo os nossos *juizos* senão *função (Wahrheitsfunktionen)* dos diferentes *enunciados* e lógica derivação desses mesmos factos. A lógica nada tem que ver com a realidade, assumindo carácter meramente tautológico. Daí também a sua perfeita identificação com a doutrina, comum a todos os neopositivistas, da *unidade da ciência.* O segundo, Reichenbach (1891-1953), foi um dos fundadores do «circulo de Viena» e também um dos representantes mais característicos do Neopositivismo. Rejeitando a natureza apriorística dos conceitos de espaço e tempo, só admitia uma lógica de verosimilhanças e probabilidades fundada em dados de estatística no lugar do valor-verdade.

Destas correntes do chamado *Neopositivismo, Positivismo lógico, Empirismo lógico e Analítica,* podem ainda considerar-se correntes afins, ou subcorrentes, não só as do movimento do igualmente denominado *Neorealismo* (teoria das «relações externas»

26 A FILOSOFIA NO SÉCULO XX

I — O IDEALISMO TRANSCENDENTAL

A Filosofia de orientação teorético-científica e teorético-crítica, de que acabamos de falar, encontrou a sua mais alta expressão na atitude de pensamento do *Idealismo transcendental*, representado na Alemanha sobretudo pelas correntes e escolas do chamado *Neokantismo*. Estas remontam, como se sabe, aos fins do século XIX. Devemos referir, mais concretamente, primeiro a *Escola de Marburgo* com H. Cohen, P. Natorp e E. Cassirer, e em segundo lugar, a também cha-

---

aplicada à relação gnósica), sobretudo inglês e americano, na sua oposição ao idealismo do século XIX (Moore, os próprios Russel e Wittgenstein, Shadeworth, Adamson, etc.), — como ainda o grupo da também cognominada *Filosofia da Linguagem*, de Carnap, dos mesmos Moore e Wittgenstein e do discípulo deste último, Wisdom. Segundo os mais radicais destes neopositivistas, não se fica por aí (isto é, na reduçao de toda a Filosofia à lógica na luta contra toda a Metafísica e Ontologia); vai-se até fazer do estudo da linguagem corrente o critério e a medida únicos para apreciar o valor das construções da Filosofia. As teorias metafísicas desta não são afinal senão uma má interpretação do emprego usual da linguagem, produto de equívocos, que Wittgenstein profundamente analisa no seu *Tractatus philosophicus* (1938). Ao lado da *sintaxe* da língua, deve colocar-se uma *semântica*, ou seja, uma análise das *significações*. É o máximo triunfo do *formalismo* e da *técnica*, com total perda da substância dos problemas, no campo da Filosofia.

Em Portugal, podem considerar-se como influenciados por estas correntes em alguns dos seus trabalhos, desde a logística e lógica simbólica até ao Neoopsitivismo e à Filosofia da linguagem, os professores E. Curvelo, Miranda Barbosa, Délio dos Santos e Vieira de Almeida.

OS PROBLEMAS DO CONHECIMENTO 27

mada *Escola sudocidental alemã* ou de Baden (Heidelberg), com W. WINDELBAND, H. RICKERT, E. LASK e B. BAUCH. A estas correntes devem contudo considerar-se subordinadas ainda, não só a *Filosofia da Imanência*,de SCHUPPE, e a *Ciência fundamental*, de REHMKE, como o idealismo transcendental de E. HUSSERL(¹). Em França não se acham também muito longe desta atitude de pensamento certos filósofos das ciências, como HAMELIN, MILHAUD e HANNEQUIN. Foi, com efeito, dentro destas concepções sistemáticas, tão ricas em resultados de toda a ordem, que se constituíu afinal o primeiro e decisivo baluarte contra o *Naturalismo* sob todas as suas formas. Foi, por assim dizer, partindo de dentro deste quadro de ideias, em cujo centro permaneceram sempre as preocupações relativas aos problemas da *crítica* do conhecimento e das ciências, que, como já notamos, se produziu o impulso que as foi superando; foi, partindo daí que se

---

(¹) *N. T.* Para SCHUPPE (1836-1913), a realidade só existe como aquilo que é dado à consciência: ser é só consciência do ser; bem como todo o «objecto» é apenas representação dum «sujeito». Para REHMKE (1848-1930) também a realidade é um todo só de objectividades mentais, sem nenhuma distinta subjectividade que a apreenda, fundada num *a priori* do universal e do geral, não sendo o indivíduo concebido senão como unidade desse geral, ou seja, como simples concentração dos raios solares num único ponto ou foco. É evidente a posição idealista destes filósofos.

Quanto a HUSSERL 1859-1939), vem a propósito notar aqui apenas, acentuando o pensamento do autor neste contexto, que o *idealismo-transcendental* é também a intenção e a posição últimas do fundador da Fenomenologia: é o espírito quem, como em KANT, projecta e leva diante de si o mundo conhecido como sua construção.

28 A FILOSOFIA NO SÉCULO XX

foram sujeitando também a uma penetrante análise as formas espirituais da Moral, da Arte, e enfim de todos os produtos culturais humanos.

O modelo para esta Filosofia do espírito humano, adoptado nos seus pontos de vista idealistas e na sua metodologia (embora esta no pormenor seja assaz diferenciada), é, como se sabe, KANT, o filósofo das *três críticas*. Este foi, com efeito, o modelo adoptado. Simplesmente, amputou-se tudo o que no filósofo representava um momento realista, o fundo metafísico, as últimas intenções da reflexão kantiana sobre a razão e a consciência. A expressão «crítica» passou a significar justamente o conceito oposto ao de «Metafísica». Sob a influência da atitude de resignação positivista-agnóstica do século XIX o significado especial de KANT e a missão da Filosofia, como ele a definira, foram apenas limitados ao campo da «Lógica transcendental». Esta deveria considerar-se como a genuína reflexão do homem sobre si mesmo, como a genuína Filosofia, em lugar da antiga Ontologia e da Metafísica tanto anterior como posterior a KANT. Convicção fundamental é a da *imenência da consciência*, sendo todos os problemas relativos a um Ser, para aquém ou para além da consciência, reputados completamente «acríticos», como falsos problemas. O terreno da consciência — entendida esta como uma «consciência transcendente» em si mesma e ideal, que gera nas suas próprias *categorias* do pensamento e da sensibilidade todo o «objecto» — é que constitui a base de toda a fundamentação indiscutível das coisas e, portanto, de toda a Filosofia científica. Este idealismo da consciência pura leva, porém, de vencida o dogmatismo da «concepção científico-natural do mundo» e é ele que nos mostra as leis autónomas do espírito, condição e pressuposto de toda a «realidade» aparentemente dada, bem como de todas as suas determinações já acháveis antes de serem achadas. A consciência é livre; a sua espontaneidade antecede toda a determinação causal. As próprias leis da natureza são já uma criação do espírito. O sistema das formas ideais da pensamento, a explorar filosoficamente, antecede também todo a realidade experimentável; todo o «ser» é já, por sua vez, dependente dos *métodos* da consciência. — Além disso, esta «Filo-

OS PROBLEMAS DO CONHECIMENTO

sofia transcendental», que admite uma consciência elaboradora e sintetizadora dos dados experimentais por meio das suas categorias *a priori*, rejeita também as pretensões daquela Psicologia que, precisamente pelos fins do século, se constituíu e se generalizou com o nome de *Psicologia experimental*. Esta Psicologia era a Psicologia que, partindo da observação experimental das sensações e dos factos da memória, procurava compreender com os seus métodos e processos próprios da experiência os factos psíquico-espirituais, enquadrando-os em leis e pretendendo abranger dentro desta província do saber experimental, como suas ciências fundamentais, certas disciplinas filosóficas, tais como a Lógica, a Ética e a Estética e ainda outras (uma nova florescência deste «Psicologismo», por exemplo, em TH. LIPPS). Ora, o Neokantismo lutou também contra esta orientação, contrapondo a «forma de valor» *a priori* e ideal à simples «vivência» subjectiva e temporal, a forma «crítica» à forma «genética» dos factos psicológicos. Assim se contrarrestou também a tendência *naturalista* nos domínios da Psicologia, expulsando esta para fora da Filosofia e remetendo-a para o lugar que lhe competia entre as ciências empírico-naturais (assim, por exemplo, WINDELBAND).

Deve ainda notar-se que, entre as correntes neokantianas, foi a *Escola de Marburgo* aquela que com particular energia transportou para o centro da problemática transcendental a questão das categorias da ciência matemática e, partindo daí, passou do mesmo modo a cultivar a investigação sistemática das leis formais da consciência em outros domínios, como os da Ética, da Estética, da Filosofia da religião e do direito. Quanto, à *Escola sudocidental de Baden*, fundada por WINDELBAND e depois, plenamente desabrochada na forma que lhe deu RICKERT, notemos apenas, por agora, que o seu principal mérito consistiu em saber transitar daí para a Lógica e para a Metodologia da ciência histórica, facto este de que mais adiante nos ocuparemos ([1]).

([1]) *N. T.* O Neokantismo de *Marburgo* está representado no direito sobretudo por R. STAMMLER (1856-1938) que, partindo de *Kant*, procurou, antes de tudo, estabelecer as bases lógico-

30 A FILOSOFIA NO SÉCULO XX

Esta é a moderna forma do *Idealismo*. Também ela contém um perigo, sem dúvida. Este consiste no seguinte: se é certo que com esta nova forma do *Idealismo* se conseguiu conter em respeito o *Naturalismo*, pondo em toda a luz a autonomia e o significado superior do Espiritual (como consciência pressuposta em toda a visão científica do mundo e do real, com as suas formas ideais cheias de sentido e absolutamente *a priori*), por outro lado, não é menos certo que a realidade — o real, o mundo objectivo da experiência e das ciências — veio também assim a ser amputado dum só golpe e separado do Espiritual-ideal, ao qual ele aliás serve de conteúdo na reflexão da Filosofia transcendental. E daqui resultou ainda o seguinte: ficarem existindo, dum lado, a consciência e o pensamento, (Ideia e Valor), pairando no vácuo abstracto duma «consciência transcendental» cega para todos os problemas da realidade; e do outro, a realidade empírica e concreta (inclusive a da alma), para serem entregues à elaboração das categorias objectivadoras do pensamento causal. Dois mundos sem comunicação entre si

---

-formais e os conceitos específicos, não só da jurisprudência como ciência, mas também da Filosofia do direito em que renovou o conceito de *Direito Natural*, dum direito natural de *conteúdo variável*. — O Neokantismo da *escola de Baden* está sobretudo representado por E. Lask († 1914) que, partindo de Windelhand e Rickert e do campo das *Kulturwissenschaften*, tentou aplicar ao direito o conceito de realidade próprio dessas ciências. O direito se não é uma realidade *a se*, é, pelo menos, um particular ponto de vista sobre certas realidades; ou estas contempladas sob o ângulo especial da sua referência a certos *valores*.

Cfr. minha *Filosofia do Direito e do Estado*, 1947, vol. I, págs. 326 a 329.

OS PROBLEMAS DO CONHECIMENTO

ficaram, portanto, existindo um diante do outro; um deles abstracto e ideal, o outro real e concreto, apenas relacionados pelo facto de um se achar abrangido dentro do outro. Sem dúvida, procurou-se depois intercalar entre estes dois mundos um terceiro: o da Cultura (RICKERT). Mas nem por isso a dificuldade se tornou sensìvelmente menor. Porque a atitude do *Idealismo transcendental*, restrita como é, não poderá jamais juntar e fundir de novo pelo pensamento estes dois mundos: valor e realidade, forma e vivência, ideia e experiência, liberdade e realidade da vida. Sempre e por toda a parte ela terá de cindir o concreto numa dualidade de pontos de vista ou de maneiras e métodos de pensar diversos, sem jamais poder remontar até à realidade plena e total como esta lhe é dada na vivênvia e na experiência. De resto, é conveniente não esquecer que no quadro das doutrinas idealistas, o dogma naturalista da realidade, assim como a preocupação positivista de esquivar-se a todas as questões do *Ser*, ocupam ainda, apesar de tudo, um importante lugar.

II — A CRÍTICA CIENTÍFICA

Numa íntima ligação com as correntes a que acabamos de nos referir, acha-se também o movimento de chamada *Crítica científica*, fundado em grande parte por matemáticos e naturalistas. Parte este movimento, não tanto da velha ciência matemática na forma mais ou menos fixada da Mecânica clássica, como sobretudo das novas e profundas transformações

32 A FILOSOFIA NO SÉCULO XX

que recentemente se têm produzido na Matemática e na Física([1]). Uma rigorosa análise, feita no ponto de vista da crítica do conhecimento, não deixou, efectivamente, de conduzir — também aqui, no próprio campo das ciências exactas — a uma superação do dogmatismo científico e, ao mesmo tempo, a um tal abandono tanto da Filosofia transcendental racionalista como do Naturalismo e da sua «concepção científica do mundo». A espontaneidade criadora do entendimento na sua função sintética revela-senos, com efeito, também neste domínio, em oposição ao que pretendiam o Empirismo e o Naturalismo — ao julgarem-se a fonte primária de todas as formas e caminhos da actividade científica — não no sentido de essa fonte ser o mesmo que um sistema fixo de relações entre formas e métodos do pensamento, que pudéssemos porventura desenvolver construtivamente como uma tábua de «categorias» para tentar com ela a fundamentação lógica da ciência (determinando a partir daí, previamente, toda a experiência e toda a realidade) — mas no sentido de crer possível (por meio dum jogo de hipóteses e verificações sempre novas e duma contínua variação de bases e pontos de vista)

([1]) *N. T.* Alusão evidente do autor às recentes *Física quantica* (M. PLANK), *Teoria da Relatividade* (EINSTEIN), *Mecânica quantica* e *Principio da incerteza* (HEISENBERG), *Mecânica ondulatória* (BROGLIE), *Teoria dos electrões* (LORENTZ), etc. que estão na base das prodigiosas conquistas da moderna Física atómica e da desintegração do átomo, levando a uma *limitação* cada vez maior de todos os velhos *conceitos* da Física clássica na sua aplicação aos factos, e a uma representação totalmente diversa da essência da matéria e das suas leis.

OS PROBLEMAS DO CONHECIMENTO   33

aprisionar dentro dos nossos conceitos uma boa parte das estruturas ônticas da realidade.

Isto quer dizer que as formas do pensamento científico não se acham de modo algum fixadas duma vez para sempre com uma necessidade invariável, quer pelo lado da realidade experimental, quer pelo das próprias leis da razão. A consciência possui, pelo contrário, um vasto campo de acção e uma grande liberdade para fazer a escolha das hipóteses e teorias que melhor lhe apetecer adoptar. A matéria do dado *a posteriori*, duma maneira geral, admite uma infinidade de formas *a priori* que ao sujeito cognoscente apeteça impor-lhe para a elaborar, bem como a possibilidade de um grande número de interpretações diversas. Todas as formas que nós como que segregamos, para com elas dominarmos os fenómenos da experiência, nos revelam a insofismável presença de inúmeros elementos artificiais e convencionais que sempre adoptamos em face da exuberância da realidade sensível. A sua comprovação como úteis e verdadeiras é coisa que só pode vir a fazer-se depois, em face das especiais exigências e intenções que alimentam as várias ciências; como, por exemplo: buscar apenas a representação mais simples possível de certas realidades, ou ainda, buscar a possibilidade duma intervenção activa do homem no jogo de certas forças da natureza, etc. Pode dizer-se que a ciência se move sempre, com todos os seus êxitos, dentro duma esfera que ela própria começou por delimitar, preocupando-se de preferência só com as coisas que se podem medir. Os seus conceitos não são cópia ou fotografia de coisa alguma, mas figurações simbólicas das coisas e das relações entre estas, encaradas dentro de certo ângulo de visão determinado. É isto o que nos mostra, antes de mais nada, o constante uso de conceitos que nas ciência se faz com conteúdos contraditórios (ficções), bem como o carácter abstracto e estático que elas revestem em face do fluxo real de tudo aquilo que nos é «dado». Portanto, isto mostra-nos também que o nosso entendimento e a realidade não coicindem entre si de modo algum e, muito menos, no que toca aos nossos conhecimentos das ciências naturais. A concordância atingível entre

34 A FILOSOFIA NO SÉCULO XX

o pensamento e a realidade é, sobretudo nestas, sempre e necessariamente parcial, como bem o mostra já a liberdade na escolha das *teorias* e *axiomas*.

É indiscutível que, depois de alguns trabalhos já efectuados neste sentido no século XIX (na Alemanha, por exemplo, os de HELMHOLZ, H. HERTZ, KIRCHOFF, e na Áutsria os de MACH), foi, porém, a França o país onde esta crítica do pensamento científico atingiu o seu maior desenvolvimento. Podemos citar: H. POINCARÉ, P. DUHEM, MILHAUD, MEYERSON, LE ROY, ROUGIER e HANNEQUIN. É lícito afirmar que os problemas levantados neste domínio são da maior importância, não só para a nossa concepção da realidade como para a nossa Teoria do conhecimento, e alcançam constantemente maior actualidade, à proporção que cresce cada vez mais a «crise de fundamentos» que estão atravessando as várias ciências. Na Inglaterra, WHITEHEAD, RUSSEL e EDDINGTON forneceram recentemente importante contribuição para esta reflexão crítica sobre os fundamentos da Matemática e das ciências naturais.

Com esta crítica da ciência que — diferentemente do que se passava com a sua fundamentação «crítica» (no sentido da Filosofia transcendental) — representa um verdadeiro e rigoroso inquérito sobre os seus valor e limites no que respeita à possibilidade de conhecer o real, novo e desta vez decisivo golpe foi vibrado no Naturalismo, mesmo naquela forma disfarçada com que ele se refugiara dentro do Idealismo Com isto torna-se positivo que desta vez a própria Realidade, o Real, em si mesmos — na riqueza qualitativa dos *«dados imediatos da experiência»* e até na riqueza conjecturável de tudo aquilo que permanece inatingível às perspectivas da ciência humana — voltam a receber, de novo, um valor e um significado próprios; isto é, voltam a reassumir uma justificada preponderância em face das abusivas pretensões cons-

OS PROBLEMAS DO CONHECIMENTO 35

trutivas do Intelecto — tanto do Intelecto de estilo
monista-positivista, como do de estilo idealista. Surge,
por assim dizer, uma nova consciência do Irracional
(da clássica «ding an sich», da *coisa em si mesma*, de
KANT) que, porém, desta vez, vai já procurar-se no
plano da realidade dada no espaço e no tempo e não
no da supra-sensível e transcendental; bem como surge
o problema de outras possibilidades de acesso e outros
modos de experiência do real, além dos da clássica
Ratio das ciências exactas. Desta maneira, a nossa
ideia àcerca da capacidade do conhecimento humano
deixa de permanecer aprisionada dentro das pretensões da ciência e, pelo contrário, fica-lhe aberto o
caminho para novos horizontes de muito maior
extensão e profundidade. Por outro lado, a diversidade das várias ciências passa também a constituir
um importante tema para a própria reflexão científica,
mesmo no terreno da investigação — diversidade não
já apenas dos respectivos domínios que essas ciências
exploram, como dos seus métodos e fundamentos,
em absoluto contraste com a antiga pretensão duma
«ciência única», como era a do *Naturalismo*. E assim
se compreende como, partindo justamente destas
transformações, os temas e problemas da Filosofia
viessem a receber, como de facto vieram, uma nova
vida e novas caracterizações. Para além dos limites
da reflexão gnoseológica ou da crítica do conhecimento,
habituadas a olharem de preferência a direito só para
a Natureza e para a Realidade em si mesma, cuja
apreensão não pode já julgar-se possível só com o
trabalho de simples classificações ou por meio da
«síntese» positivista, foi este o novo caminho que aqui

36 A FILOSOFIA NO SÉCULO XX

se lhes abriu. Numa palavra: a ciência só por si já hoje não pode bastar para a Filosofia; nem para constituir o seu exclusivo objecto, nem para lhe fornecer o seu fundamento.

III — A FENOMENOLOGIA

Importância decisiva para a formação desta nova consciência do estudo filosófico, no tocante aos seus novos problemas e exigências em face da situação actual da ciência, foi a que lhes adveio da atitude de pensamento fundada por E. Husserl, chamada a *Fenomenologia*. Pode dizer-se que esta nova atitude de pensamento, que em breve atraiu a si uma plêiade de jovens pensadores e em pouco tempo pôde vencer todas as dificuldades de fundamentação, se volveu também rapidamente numa espécie de palavra mágica de grande influência na nossa época. Partindo, no começo, do exame de questões puramente relativas à *Teoria das ciências* e fundando-se apenas em investigações atinentes à *Crítica do conhecimento* — procurando para esta uma mais vasta fundamentação (nas *Logische Untersuchungen* de Husserl, 1900) — esta nova Metodologia e esta nova atitude mental não tardaram, com efeito, em chamar pouco a pouco a si, incluindo-os no seu campo de visão, uma enorme quantidade de novos domínios da consciência e da experiência, bem como de outros campos da realidade objectiva que em parte foram assim, pela primeira vez, abertos à reflexão e compreensão filosóficas. Deste modo nasceram, muito para além dos limites da Filosofia

OS PROBLEMAS DO CONHECIMENTO 37

transcendental, novos e poderosos incentivos, não só para uma nova Ética filosófica (como as de M. Scheler e N. Hartmann), como para uma nova Metafísica, uma nova Ontologia, e até para uma nova Antropologia filosófica, de que mais adiante nos ocuparemos.

A «Fenomenologia», no sentido actual desta palavra (inteiramente distinto do que teve nos sistemas de ideias de Hegel ou de E. Hartmann), atribui à investigação filosófica a missão de se elevar a uma captação directa de tudo aquilo que nos é imediatamente dado no mundo da consciência e da sua espefica objectividade, abstraindo da tendência para dar dessas objectividades qualquer explicação de índole teorético-construtiva. Antes de encetado o trabalho da elaboração teorética daquilo que nos é «dado», por meio de hipóteses e teorias, antes de toda a discriminação consciente entre o facto e a pura aparência, entre aquilo a que chamamos «fenómeno» e aquilo a que chamamos «nómeno» (no sentido do que está por trás do fenómeno), entre o primordial e o que já é derivado, antes de tudo isso, existe já a matéria concreta das nossas «vivências», de tudo quanto nos é dado (dos *Phainomena)*, daquilo que «se nos revela por si mesmo em toda a sua intuitiva exuberância e riqueza. As interpretações .e construções das ciências, assim como da Filosofia especulativa (de natureza metafísica ou transcendental) vêm já depois; escolhem daí aquilo que lhes interessa, consoante as suas intenções teoréticas, deixando, porém, atrás de si e depressa esquecendo tudo mais que lá fica, toda a profundidade dos *dados* que aí pululam e até o facto das diferenças e das afinidades que entre eles existem. Deve notar-se que inclusivamente o *Positivismo* (tanto na sua velha como nova forma) não permite, apesar de pretender o contrário, que os «dados» positivos da experiência, que ele recolhe, digam sem preconceitos — e na sua autêntica maneira de ser, tão diversa de uns campos para os outros da experiência — tudo aquilo que eles têm a dizer-nos.

Por isso é que aquilo que a Fenomenologia pretende é, precisamente, deixar falar e dizerem tudo os dados da nossa

38   A FILOSOFIA NO SÉCULO XX

experiência imediata. Trata-se, com efeito, de — independentemente das ciências, e precedendo-as (procurando afinal pôr
os verdadeiros fundamentos para toda a forma de interpretação
posterior da realidade, no sentido tradicional, tanto no interesse das ciências como de toda a Filosofia e de toda a Teoria
do conhecimento) — *fixar descritiva e analiticamente o puramente
«dado» na consciência, na sua multiplicidade de formas, nas suas
diferenças e nas suas respectivas e originais estruturas.* E isto
é sobretudo importante — convém notá-lo expressamente —
em face daquela tendência muito conhecida do *Naturalismo*
para escamotear essas diferenças, cobrindo-as com a rede da
sua forma de visão puramente causalista-genética e toda teoré-
tico-evolucionista.

Portanto, em lugar das tentativas de aprisionamento lógico-
-construtivas do mundo dentro de teorias, o que neste ponto
de vista se torna fundamental e aparece, antes de mais nada,
é a intuição e a receptividade da nossa captação ou apreensão directa dos fenómenos, a qual não se acha de modo algum
já previamente fixada ou limitada por qualquer critério de
sistematização teorética ou por qualquer preocupação finalista
(Telos) dum determinado «explicar» as coisas.

Como meio mais importante para obter este resultado
existem, antes de tudo mais: *o esclarecimento de sentido* e a
rigorosa análise de significação de todas as nossas afirmações
pré e *extrateoréticas*, assim como de todos os termos e
expressões conceituais. Aquilo que vale como critério decisivo
de verdade, é, não uma ausência puramente formal de contradições ou uma ligação só dialéctica dos conceitos entre si,
mas sim a própria evidência no modo como os factos se apresentam à consciência. Nas diferentes maneiras de ser desta,
bem como nos próprios objectivos dados, é que se deixam descobrir as qualidades fundamentais, as estruturas, «leis essenciais», e jerarquias (relações de fundamentação recíproca) próprias e essenciais de cada um dos domínios da experiência.
Deste modo, a afirmação e a investigação do *a priori* kantiano
(que para o *Positivismo*, de orientação empirista, era alguma
coisa que ele repelia e, para o *Neokantismo*, na estreiteza do
seu formalismo e no seu intelectualismo, alguma coisa que lhe

OS PROBLEMAS DO CONHECIMENTO 39

escapava, puderam aqui encontrar o seu lugar apropriado, mas
desta vez transportadas para o terreno do concreto e dos «conteúdos» e não apenas no terreno das simples «formas» do
pensamento e no da abstracção. Um vasto e colossal campo
de novos problemas se abriu aqui. Nele a Filosofia corta a
vedação teorético-científica e filosófico-transcendental que a
separava da vida e da inesgotável riqueza das experiências
directas que esta encerra. A Filosofia volta a aproximar-se
das coisas (vivência e todos os dados do real, em vez de permanecer, como até aí, encerrada na missão de apenas procurar uma fundamentação reflexiva para o mundo dos conceitos científicos. A Lógica do conhecimento científico torna-se
um domínio particular, como que uma província apenas, ou
um elo, dentro duma problemática incomparàvelmente mais
vasta que a anterior. Esta deve começar a desenrolar os seus
problemas muito antes de chegar aos dessa Lógica; deve
começar logo pelos que se referem a um «compreender» e a um
«captar» pré-racionais que antecedem todo o juízo e toda a
formação de conceitos. O próprio conceito de «conhecer» experimentou uma profunda transformação, determinada por tudo
aquilo que hoje se sabe acerca da intuição e da evidência de
conteúdos, de intencionalidades e de intuição das essências (¹);

_____

(¹) *N. T.* Acerca da Fenomenologia, cuja doutrina nos
seus pontos fundamentais e essenciais acaba de ser acima tão
densamente exposta pelo autor, parece-nos que não deixará de
ser útil para o leitor salientar aqui quais são as três direcções
principais que se destacam dentro deste movimento. Elas são:
em primeiro lugar, a duma análise do *eu puro* da consciência,
ou análise *egológica.* Em segundo lugar, a descrição dos conteúdos
da consciência e das atitudes tomadas pelo *eu* em face das coisas;
é a chamada *análise intencional.* E em terceiro lugar, a descrição
das próprias *coisas*, como *fenómenos*, na medida em que elas
surgem perante a consciência; é ao que Husserl chama *Ontologia.*
Esta é, portanto, uma coisa diferénte da que por esta palavra se
entendia na Filosofia clássica.

Cremos que este simples esquema ajudará a compreender
mais facilmente as extensas e penetrantes considerações do
autor neste ponto.

40 A FILOSOFIA NO SÉCULO XX

Esta transformação foi ainda auxiliada por outras tendências afins produzidas em outros sectores da Filosofia moderna, como são as produzidas nos do *Intuitivismo* de Lossky (¹) e do *Intucionismo* de Bergson. Contrapostos ao conhecimento, como simples faculdade de julgar, como simples produção de meios construtivos do pensamento, como aparelhagem lógica, surgem assim hoje, com grande vigor, a contemplação intuitiva e a pronta atenção a registar todo o dado nas nossas experiências e vivências, tais como estas se apresentam a uma consciência por assim dizer diversamente adaptada aos diferentes domínios da realidade. Enfim, numa palavra: *Teoria do conhecimento* e *Psicologia* voltam a aproximar-se uma da outra, sobre a base duma luta sustentada em comum e particularmente enérgica contra o *Psicologismo*. A Fenomenologia da consciência e dos seus especiais processos de captação e de experimentação das vivências, dos seus actos e intencionalidades, leva hoje a tentar construir uma nova Psicologia descritiva, segundo o modelo da de Brentano, sobre uma base empírica, mas sem o preconceito dos métodos e das «*explicações*» próprios do pensamento empírico-naturalista.

(¹) *N. T.* Segundo o filósofo russo Lossky *(L'intuition, la matière et la vie*, 1928), combatendo as concepções naturalistas duma «*vida-máquina*», a vida constitui antes um *absoluto*, a partir do qual ele tenta construir, vitalisticamente, uma concepção, em vez de mecânica, *orgânica* do mundo. Na base de toda a compreensão deste está, portanto, não o intelecto discursivo, mas uma forma particular de intuição. É manifesta aí a influência de Bergson, o grande criador da doutrina da impropriedade da inteligência, só apta para apreender o *discontinuo* da matéria, para apreender o *continuo* característico da vida e do seu impulso vital. Só neste ponto, é preciso notar, existem afinidades entre a Fenomenologia na sua *Wesenschau* (intuição das essências) e o intucionismo de Bergson e Lossky.

OS PROBLEMAS DO CONHECIMENTO 41

IV – TENDÊNCIAS DERIVADAS
DA FENOMENOLOGIA

As tendências derivadas da Fenomenologia, no sentido dum alargamento da consciência reflexiva, encontram-se, por assim dizer, com uma enorme quantidade de outras tentativas igualmente novas, efectuadas em outros tantos sectores do pensamento filosófico contemporâneo. O seu sentido comum é: alargamento e aprofundamento da problemática do conhecimento. E foi todo este sentido comum que acabou por projectar esse pensmanro, em todas as suas direcções, para fora e muito para além da simples *Teoria do conhecimento* à moda clássica.

Notável importância é, antes de mais nada, a que alcançou neste ponto a reflexão em torno dos pressupostos e fundamentos do conhecimento das chamadas «ciências do espírito» *(Geisteswissenschaften)*. Deve notar-se que o problema do método próprio das ciências históricas e culturais *(Kulturwissenschaften)* merecia já — ainda dentro do Transcendentalismo neokantiano — no modo como era posto, uma atenção muito especial, quando se tratava de limitar a aplicação da conceituação científico-natural àquelas ciências (RICKERT). Uma tal limitação envolvia já uma implícita condenação do «monismo metodológico», que aliás continuava a ser praticado dentro do Idealismo no que toca ao seu conceito e conhecimento objectivo da realidade. A *Teoria da experiência* alargava deste modo consideravelmente as suas perspectivas. As estruturas formais sintéticas *a priori* próprias das ciências que se ocupam da realidade das coisas do espírito, passaram deste modo a reclamar, e obtiveram já aí, uma caracterização própria, em face das categorias e métodos utilizados pelas ciências da Natureza (SIMMEL, TROELTSCH e outros).

Porém, mais compreensiva e mais profunda foi a maneira como esta problemática foi depois posta nos trabalhos de W. DILTHEY (cujo significado só agora foi verdadeiramente compreendido) sobre a *Crítica da Razão histórica*, ao pretender construir o mundo histórico sobre a base das «ciências do espírito». A «compreensão», o «compreender» em História são aí devidamente considerados algo de diferente daquilo a que chamamos compreensão, compreender, no domínio dos factos e processos da Natureza: uma maneira ou forma de conhecimento humano fundamentalmente diversa da empírico-naturalista. As «ciências do espírito» (tanto as de índole histórica como as sistemáticas) reclamam, com efeito, em harmonia com esta orientação, um conceito próprio e específico de «experiência», «categorias» exclusivamente suas, uma sistematização sua, e uma forma particular de consciência em que o sujeito cognoscente se conhece a si mesmo. Ora é evidente que um vastíssimo campo de investigações não podia também deixar de se abrir aqui à reflexão filosófica, não sendo para estranhar que um numeroso grupo de investigadores, indo na peugada de DILTHEY, tenha logo começado a explorá-lo com bom resultado; assim, por exemplo, SPRANGER, LITT e ROTHACKER.

Dentro deste ponto de vista, compreende-se que «sujeito» e «realidade» passem a ser vistos numa relação entre si diferente da que antes existia. Com efeito, vendo as coisas sob a

OS PROBLEMAS DO CONHECIMENTO 43

perspectiva duma essencial pluralidade de possibilidades categoriais e de formas científicas de experiência (como, por outro lado, vendo-as sob o ângulo de visão duma específica estruturação de todo o material histórico-espiritual), não é para estranhar que a realidade empírica vista deste modo, como alguma coisa que antecede a formação dos conceitos científicos que a devem elaborar, venha assim a receber também foros de cidade dentro da Filosofia. Desta maneira, a concepção do que seja conhecimento não pode deixar de ultrapassar os pontos de vista do Idealismo, bem como o próprio esquema kantiano de «matéria» e «forma» (cáos das sensações»), para voltar a adoptar as posições dum novo *Realismo gnoseológico*. Este é, de resto, o mesmo resultado do qual (não sem uma estreita ligação com certos kantianos *realistas* dos fins do século XIX e princípios do século XX, como por exemplo, E. HARTMANN e RIEHL), se vão aproximando também outros investigadores que partiram do estudo geral do conhecimento e da Teoria das ciências. Exemplos: KULPE, FRISCHEISEN-KOHLER, N. HARTMANN, M. SCHELER, HANNEQUIM, LANGEVIN, etc., e na Inglaterra ainda EDDINGTON. Assim, pode dizer-se que os novos temas da Filosofia do conhecimento são hoje: a transcendência da consciência, o objecto, o ser em si mesmo, o significado ontológico das ciências e os métodos a aplicar às estruturas ônticas das coisas, que é preciso achar e determinar. O que equivale ainda a notar que a clássica dijuntiva, *empirismo* ou *idealismo*, deixou de estar na moda.

Um outro tema capital do nosso tempo, é o que se refere ao *Conhecimento dos valores* a aos próprios *Valores* em si mesmos. Este tema, bem como o próprio conceito de «valor», surgiram, por assim dizer, dos trágicos conflitos da vida produzidos ainda no século XIX, mas reclamaram mais urgente solução filosófica, principalmente depois do retumbante grito de NIETZSCHE ao proclamar a «inversão de todos os valores». Apoiado na Teoria do conhecimento das

ciências culturais *(Kulturwissenschaften)* (WINDELBAND
e RICKERT), nos trabalhos sobre a análise da vida
do Espírito, sobretudo da vida moral (HUSSERL, SCHE-
LER, N. HARTMANN), e ainda favorecido pela discussão
dos problemas sociológicos e da ciência económica
do nosso tempo (M. WEBER e a escola austríaca),
o conceito de valor tornou-se hoje uma tema central
de extraordinária importância, e isto em manifesta
oposição à já referida tendência naturalista que por
toda a parte se esforçava por o eliminar. Deste modo,
embora partindo de princípios puramente psicológicos
e gnoseológicos (EHRENFELS, MEINONG, MÜNSTERBERG,
K. BOHM, etc.) e conservando-se por muito tempo
na defensiva contra as tendências neste terreno particularmente perigosas do subjectivismo, este tema deu
origem a um rico, vasto e multifacetado trabalho de
investigação sobre o mundo dos valores, em procura
da sua natureza ôntica, da sua jerarquia em camadas,
da sua arquitectura de sentidos e do seu conteúdo
material. A Teoria dos Valores *(Allgemeine Wertlehre).*
ou a *Axiologia filosófica*, tornou-se assim uma disciplina
fundamental da Filosofia contemporânea. E não só
isso: a questão da especial *significação constitutiva*
e da *estrutura dos valores* no que toca à própria
experiência que temos deles e à sua realidade, veio
também a assumir foros dum problema novo e muito
importante; e isto em manifesto contraste com a
anterior divisão da realidade em *ser* e *dever-ser*, em
valor ideal e realidade empírica, como era a que
praticava a Filosofia idealista trancendental. A *Filosofia dos valores* tem com efeito, sido cultivada com
grande êxito, não só na Alemanha, como também

OS PROBLEMAS DO CONHECIMENTO 45

especialmente na Inglaterra, com MACKENZIE, J. LAIRD, M. SORLEY, MOORE, e na América, com PERRY e URBAN.

Novas formas de conhecimento, diferentes das que até então exclusivamente se conheciam (as puramente intelectuais e empíricas), entram, portanto, para dentro do campo da moderna reflexão filosófica. No ponto de vista do especial «compreender», peculiar das «ciências do espírito» àcerca da vida dos outros e seus modos de expressão, o problema da «experiência do «outro» — isto é, do *Eu alheio* — ou o do nosso saber alguma coisa em concreto àcerca das outras pessoas para além da nossa própria consciência, assume também actualmente um grande interesse. Trata-se — diga-se mais uma vez — dum problema que,apesar da grande discussão travada em torno da relação entre o «Eu» e o «Mundo exterior» nos tempos mais recentes, só uma vez fora já verdadeiramente visto e atacado (por FICHTE). Porém, na renovação que depois disso experimentou no campo da Psicologia *(Einfühlungsproblem,* de TH. LIPPS) esse problema foi afinal também encaixado à força dentro do esquema das nossas representações puramente sensíveis e naturalistas. Ora a pessoa a quem coube dar aqui o impulso decisivo para verdadeiramente tal problema se renovar foi M. SCHELER, por virtude de cujas investigações neste domínio os anteriores trabalhos de DILTHEY vieram a receber uma nova luz. Vendo estas coisas em função do problema gnoseológico da «realidade do mundo exterior», que pelos fins do século xx acompanhou constantemente as teses do Idealismo, conseguiu o mesmo DILTHEY chegar à determinação duma base expe-

46 A FILOSOFIA NO SÉCULO XX

rimental extra-intelectual (extra-representativa) para a nossa *Consciência da Realidade.* SCHELER e N. HART-MANN *(Teoria dos Actos emocinais-transcendentes)* nada mais fizeram neste ponto do que desenvolver e continuar esta nova maneira de ver. Duma maneira geral, pode dizer-se que a questão das funções cognosci-tivas dadas na vivência emocional e voluntária tem sido posta e atacada não só gnoseológica como psicolò-gicamente — (M. MAIER, *Psychologie des emotionalen Denkens; Fenomenologia do conhecimento dos valores* sobre a base da teoria de BRENTANO àcerca do conhe-cimento moral; *Caracterização duma específica expe-riência do moral»,* de F. RAUH, etc.). — De resto, tam-bém a predominante orientação das actuais *investigações* na *Teoria do conhecimento* no sentido de surpreen-der as diferentes formas ou maneiras objectivas do «conhecer» e da «consciência intencional», tende hoje a completar-se com a análise e investigação das dife-rentes *espécies de saber.* Haja em vista as novas des-cobertas acerca duma experiência no campo das «ciên-cias do espírito», a «vivência» de DILTHEY, e ainda as «*donnés immediates»* de BERGSON. Trata-se, com efeito, dum saber *pré* e *extra objectivo,* como estes nos são dados, já na própria percepção íntima da vivência, já na percepção que o homem tem de si mesmo antes de se conhecer a ele próprio, já, finalmente, na sua simpatia, participação e eco que encontra nas vivências dos outros. — E não só isso: também com o triunfo alcançado sobre o chamado «cientismo» começou igual-mente a revelar-se um novo interesse pelas formas cons-titutivas do Universo e da Natureza, bem como pelas estruturas categoriais da nossa simples percepção

OS PROBLEMAS DO CONHECIMENTO 47

sensível e da nossa experiência quotidiana das coisas. Atenda-se, por exemplo, neste ponto, não só às investigações dos fenomenólogos, como aos esforços empreendidos no campo da crítica científica francesa, e ainda na inglesa por KEMP SMITH. Ora é manifesto que no quadro destes problemas se observa uma notável e mútua aproximação entre a actual *Teoria do conhecimento* e a *Psicologia*. Estas chegaram positivamente a encontrar-se num ponto comum: o da superação, tanto dos velhos pressupostos do Empirismo (por exemplo, o do «càos das sensações»), como do Idealismo formalista. E não de somenos importância é ainda o domínio de problemas tocados por H. FRIEDMANN, quando este aludiu à fundamental e radical relação que existe entre as nossas formas de pensamento científico, por um lado, e determinadas províncias sensoriais dos nossos sentidos orgânicos, pelo outro (como, por exemplo, a preponderância mantida até hoje do *«háptico»* sobre o *«óptico»).*

Mas tudo o que acabamos de notar sobre as novas tendências no domínio da problemática do conhecimento está ainda longe de esgotar a matéria. Para além do terreno das ciências e da nossa visão científica do mundo, a actual problemática do conhecimento alarga-se ainda em outras investigações. Ocupa-se também da estrutura e da lógica peculiares que caracterizaram as «concepções-do-mundo» nos estádios mais atrasados da vida dos povos. Neste caminho e tomando por base as investigações de LÉVY BRÜHL sobre a *Mentalidade dos povos primitivos* (com a sua teoria àcerca duma específica estrutura prelógica própria da sua intuição e experiência das coisas, que tantas

A FILOSOFIA NO SÉCULO XX

discussões desencadeou) chegam-se já, inclusivamente, a pôr hoje em dúvida as tradicionais unidade e uniformidade da «razão» humana, que, como se sabe, constituíam um dos pressupostos fundamentais do *Positivismo* e do *Idealimo*. Além disso, deve notar-se que, inclusivamente no próprio sistema de ideias do Idealismo neokantiano, já a sua reflexão transcendental procurava remontar, para além das formas do conhecimento científico, à análise das formas intelectivas dos Mitos e duma «compreensão» preteorética e linguística do mundo (E. CASSIRER, *Philosophie der symbolischen Formen)*. Donde se depreende que esta diversidade essencial entre várias e possíveis formas de pensamento dentro do conhecimento humano se converteu assim (adivinhada e intuída ao mesmo tempo de diversos lados) num dos mais importantes temas para a reflexão filosófica dos nossos dias. Se, por exemplo — do lado da crítica científica, podemos citar um ROUGIER, do lado da Metafísica e da concepção filosófica do mundo poderíamos citar um LEISEGANG, nas suas «*Denkformen*», para não falar já da *Tipologia* e da *Psicologia das concepções do mundo*, dum DILTHEY e dum JASPERS.

Por toda a parte, pois, uma visão mais profunda da específica diversidade das várias formas de intuição e de pensamento, ultrapassando a simples reflexão formal de base lógica, nos conduz hoje a investigar as raízes que o nosso conhecimento e as suas formas encontram nas próprias intenções da vida. Múltiplos são os motivos que entram aqui em jogo para nos obrigar a essa investigação. Citemos apenas estes: as sugestões de NIETZSCHE; os resultados da crítica científica; e as novas investigações sobre os

OS PROBLEMAS DO CONHECIMENTO 49

pressupostos do conhecimento histórico — para não falar já de outros. Além disso, note-se também que a própria tendência do *Pragmatismo* — nascido na América (W. JAMES) e ainda hoje tão energicamente sustentado na Inglaterra (SCHILLER) — para confinar o conhecimento e o conceito de verdade dentro das funções da vida activa, até essa se transformou. Fazendo estalar o quadro naturalista, estreito e puramente relativista, dentro do qual fora concebido, pode dizer-se que inclusivamente esse movimento filosófico se orienta no sentido de outras investigações, dirigidas sobre os últimos planos de fundo da vida e da existência, das formas de pensamento e percepção do homem, das ciências, dos sistemas filosóficos e até das formas da cultura. A reflexão transcendental da consciência tenta assim aprofundar-se cada vez mais, procurando converter-se numa *«Filosofia da Vida»*. É o que se vê no movimento que começa com DILTHEY e vem até HEIDEGGER. As preocupações humanas em torno do *«cogito»* voltam-se radicalmente, de todos os lados, para o *«vivo»*. O esquadrinhamento dos modos possíveis da nossa conduta e da organização fundamental a dar à vida humana, domina decisivamente a reflexão filosófica. A problemática desta impele-nos, por sobre a idealidade abstracta duma «consciência» *sem mais nada* — duma *Bewusstsein überhaupt* — para encararmos directamente o sujeito *real* da experiência, da vivência e da vontade. O homem *inteiro*, olhado em todas as suas relações e pontos de referência (activos e de sofrimento inclusivamente), com os seus mundos *ambiente* e *concomitante*, não só na sua vida actual como na sua vida histórica, vai pois saindo, com todo

50 A FILOSOFIA NO SÉCULO XX

um mundo de novos problemas, para fora do quadro duma simples *Teoria do conhecimento*. A simples contraposição entre os conceitos de Ideal-valente e Real-psíquico tornou-se insuficiente. Do que se trata é de apreender as estruturas fundamentais do conhecimento; não só as *categorias da razão* e do «perceber», como as formas do «compreender», como estas se constituem e nascem do seio das forças reais da vida, no seu condicionamento e na sua permanente mutação histórica. A *Psicologia* e a *Sociologia do conhecimento*, como tema parcial dentro da problemática da vida e do conhecimento, tornaram-se, enfim, um tema positivo capital para o estudo filosófico moderno, depois de terem sido abandonados o Psicologismo e o Sociologismo do século XIX.

Numa palavra: as tentativas e esforços da razão humana para se compreender melhor a si mesma movem-se e desenvolvem-se hoje sobre bases totalmente novas e muito mais amplas.

V — RESTAURAÇÃO DA METAFÍSICA

A Filosofia do século xx conseguiu libertar-se dos quadros dentro dos quais a quis aprisionar o século XIX. A *Teoria da ciência*, a *Teoria do conhecimento*, a *Reflexão da consciência*, não podem já permanecer isoladas nem bastar-se a si mesmas. Tornou-se evidente que a última fundamentação da Filosofia não pode de modo algum atingir-se praticando uma limitação arbitrária (e muito menos dogmática) na sua problemática. Os grandes problemas da vida humana e da

OS PROBLEMAS DO CONHECIMENTO 51

concepção do mundo, que uma época de seco intelectualismo tinha conseguido durante algum tempo abafar, fazem ouvir de novo a sua voz e reclamam uma solução. A expulsão da Metafísica do campo da Filosofia, que a princípio fora exigida em nome dum estreito cientismo considerado como pedra de toque da dignidade da segunda, é hoje tida na conta dum fracasso para o pensamento do século passado. Pelo contrário, o timbre do filosófo moderno (como foi, precisamente, antes da nossa época, o caso de F. NIETZSCHE) é actualmente visto e procurado, não no seu anseio de certeza e segurança, mas na coragem e na energia do seu desejo de avançar, com que tenta prescrutar o incerto e se mete até aos mais inviáveis caminhos. Deste modo se explica que a própria palavra e o conceito de Metafísica voltassem a alcançar com as primeiras décadas do século xx um novo e positivo significado.

A Filosofia idealista transcendental foi, como já vimos, a primeira que, cansada da simples reflexão sobre o Eu, abriu de novo a porta à especulação metafísica do Espírito e com esta a novos tentames na interpretação da Realidade. Das correntes neokantianas é que partiu o movimento que voltou a fazer respeitar, como actuais e orientadores, os próprios filósofos especulativos postkantianos — aliás tão ridicularizados nas primeiras origens dessas correntes de pensamento no seu trabalho de aperfeiçoamento da Lógica transcendental e da crítica da Ontologia idealista - espiritualista — depois de novamente alentadas pela *Filosofia do Espírito* dum EUCKEN, dum TROELTSCH, dum SCHWARZ, dum SPANN e ainda de outros. Foi sobretudo HEGEL quem, pode dizer-se,

52 A FILOSOFIA NO SÉCULO XX

apesar da pretendida falência que dele se procla-
mara no século xix, voltou a adquirir no nosso tempo
uma extraordinária influência. Com efeito, são notáveis as modalidades que reveste o chamado *Neohegelianismo* na Alemanha, na Holanda, na Inglaterra,
e especialmente na Itália com CROCE e GENTILE.
Na própria Inglaterra, o Neoidealismo, com BRADLEY,
GREEN, BOSANQUET, TAGGERT, etc., voltou a tornar fecundas para a Filosofia contemporânea, não
só certas tendências metafísicas do Idealismo alemão, mas também muitas das velhas ideias sobre
o ser e a realidade, derivadas das doutrinas de PLATÃO,
de LEIBENIZ e BERKELEY. Inclusivamente, certas
influências do próprio KANT não deixam de se projectar
no plano metafísico. Muitos guardiões e continuadores
das velhas tradições do final do século xix voltam a
adquirir influência, como acontece, por exemplo, na
Alemanha, com ED. HARTMANN. O próprio movimento
do Nectomismo, retomado com tão grande entusiasmo
em todos os países da Europa desde o último quartel
do século transacto, aliás estranho e hostil ao pensamento kantiano e idealista, não deixou de contribuir
também desde então, poderosamente, para a renovação
das discussões metafísicas. Em França — deve observar-se — uma nova e bem sucedida conversão à Metafísica tinha também começado a produzir-se bastante
cedo com LACHELIER e BOUTROUX, vindo por último
a tomar considerável vulto na Filosofia de BERGSON.
E sabe-se que foi justamente por virtude do seu conteúdo metafísico e da sua bem marcada distinção
entre Ciência e Metafísica que esta última Filosofia
exerceu tão extraordinária e profunda influência

OS PROBLEMAS DO CONHECIMENTO 53

sobre todo o pensamento filosófico europeu durante as duas primeiras décadas do século xx.

A atitude que consiste em contrapor, pura e simplesmente, a chamada «Crítica» à «Metafísica» teve de ser abandonada. Os pressupostos ontológicos até aí latentes, embora nunca confessados, nos pontos de vista tanto positivistas como idealistas da *Teoria do conhecimento*, bem como os também latentes nos próprios pontos de vista do pensamento científico, acabaram por reclamar atenção e estudo especiais. *Metafísica do Conhecimento* (N. HARTMANN), eis aí o novo tema que forçou a abandonar o estudo exclusivo do «sujeito» pelo estudo do «objecto», do ser, ou ontológico. Abandonando a reflexão transcendental interior, o conhecimento passou a ser concebido novamente como uma relação ôntica entre um sujeito cognoscente real e certas realidades objectivas. O próprio ser da consciência, portanto, é o primeiro a reclamar que o caracterizem e o compreendam; do mesmo modo que as relações de base vital entre a consciência e o conhecimento são as primeiras a reclamar, não apenas que as vejamos, mas que as compreendamos no que de mais específico têm a sua realidade e o seu particular modo de ser.

Numa palavra: a Teoria do conhecimento e a Filosofia do Espírito tendem a converter-se hoje, respectivamente, numa *Filosofia do Ser* e numa *Filosofia da Vida*. A *Crítica gnoseológica*, por sua vez, reclama a *Metafísica*. Este novo retorno filosófico, esta viragem da contemplação dos *conceitos* para a contemplação das *coisas* na intuitiva imediatidade com que nos são dadas, é uma tendência fundamental do nosso tempo.

54 A FILOSOFIA NO SÉCULO XX

Por toda a parte, o caminho agora é este: do «Sujeito» para o «Ser»; da Teoria do Conhecimento e da Psicologia para a «Teoria do Objecto» (MEINONG) e daí, indo mais longe, para a Ontologia. Este caminho doravante marcado, este «voltar-se para o objecto» — se nos é lícito exprimir-nos assim — aponta-nos, evidentemente, um único ponto possível de chegada. E este é: para além da síntese da consciência, para além dos «dados» desta e dos «fenómenos», o Real o Ser em si mesmo (o *Sein an sich*). E assim, se, partindo da Lógica das ciências naturais, a especulação filosófica volta a preocupar-se de novo com o ser da própria Natureza (com os seus princípios ônticos), compreende-se que, partindo da pura Metodologia das ciências históricas ela volte também a preocupar-se com o conteúdo desta e com a própria estrutuia ôntica do *Devir* do homem numa *Filosofia «material» da História.*

CAPÍTULO II

AS «REGIÕES» DA REALIDADE

A nova orientação da Filosofia actual relativamente ao problema ontológico também não é uma simples reedição dos velhos sistemas da Metafísica clássica no seu anseio de elevar-se a uma construção unitária do ser. Se as preocupações filosóficas deste estilo ainda hoje existem, esforçando-se por renovar esses sistemas, é esse um trabalho das escolas. Mas a verdade é que a nossa época se mostra cansada das disputas de todas essas escolas, sistemas e pontos de vista, não só teorético-críticos, como metafísicos e especulativos.

Hoje procura-se também neste ponto orientar os espíritos para temas mais limitados da investigação filosófica. Prevalece o intento de dar, também aqui, uma mais genuína positividade à Filosofia, melhor que aquela que julgaram poder dar-lhe o *Positivismo* e a *Filosofia científica.* Para isso procura-se colocar ao serviço das tentativas de sondagem da realidade, dentro duma consciência filosófica de conjunto, todo o domínio da experiência: não só da experiência que é a própria das diversas ciências como de toda a experiência «natural» do universo e da vida, por todas as formas por que julgamos poder possuí-los. Podemos dizer que se assiste, no nosso tempo, a uma

56 A FILOSOFIA NO SÉCULO XX

nova conformação das relações entre a Filosofia e as diferentes ciências na sua colaboração entre si, em virtude da qual nem a primeira alimenta já a pretensão de definir e impor definitivamente, duma maneira prévia, às ciências o âmbito da sua investigação relativamente à essência do universo; nem estas, as ciências, tão pouco a de pessuírem o monopólio dum contacto directo com a realidade ou a de constituírem a única via de acesso para podermos chegar até esta. Pelo contrário: é no próprio campo das ciências que se levantam os problemas filosóficos mais graves, as interrogações, relativas ao princípio das coisas, às estruturas e fundamentos do ser, exigindo e impondo constantemente um novo lançar de vistas sobre toda a arquitectura da realidade no seu conjunto. Tanto assim, que é dos próprios investigadores que trabalham no campo científico, tornados filósofos, que partem hoje os mais decisivos esforços no sentido duma renovação de tais problemas. Um novo sentimento ou sentido da realidade apoderou-se dos espíritos. A ânsia de possuir a realidade», que desde o século XIX atravessava tão poderosamente o espírito da cultura ocidental, impele de novo a Filosofia para a Metafísica, entendida esta no sentido duma *Teoria da Realidade* que se procura extrair do conjunto de todas as fontes da experiência, mas duma experiência não já desarticulada e fragmentária das ciências e da vida. Em vez da antiga especulação de tendências construtivas e unitárias, com as suas preocupações de origem sobrenatural, próprias dos grandes sistemas da Metafísica clássica, o que se define e afirma, cada vez mais, é antes um

AS «REGIÕES» DA REALIDADE 57

trabalho de rigorosa descrição e análise que, partindo do demonstrado, do demonstrável, ou ainda do simplesmente provável nos diferentes domínios da experiência, procura daí elevar-se depois ao que há de fundamental e transcendental em todos os problemas da Realidade e do Ser; isto sem receio da variedade e dos pluralismos, bem como sem perder a consciência do que há sempre necessariamente de provisório e fragmentário em todas as construções do pensamento.

Como consequência desta atitude, os diferentes domínios da investigação da realidade separam-se também hoje numa total independência uns dos outros para a nossa visão filosófica das coisas, com uma nitidez nunca conhecida até aqui. O esquema unitário do conceito de realidade, até agora caracterizado pelo naturalismo metafísico e teorético-científico — e já pressuposto na base de toda a Filosofia idealista transcendental, como até em Kant (o mecanismo causal do mundo psico-físico) — foi, pode dizer-se, completamente abandonado. A multiplicidade e a diferenciação das várias ciências e discplinas, tais como estas foram construídas principalmente no século xix, e a sempre crescente diversificação dos seus métodos e categorias de pensamento — que também constantemente se têm desenvolvido, apesar de todo o esquematismo da chamada mentalidade científica geral — estão exigindo uma nova interpretação, não já só em função do conhecimento, mas ainda em função do objecto, isto é, da espécie particular de ser das coisas que estudam e às quais procuram adaptar as suas formas conceituais. Assim se explica que a investigação filosófica se tenha deslocado do estudo dos tradicionais problemas do «sistema das ciências» e da «hierarquia» destas, insolúveis num ponto de vista exclusivamente situado dentro delas, para o estudo das diferentes *regiões* e *esferas* da realidade onde tentam instalar-se as várias ciências, embora entrecruzando-se multiplamente umas com outras e muitas vezes inseguras a respeito dos seus próprios limites. Dois domínios há, porém,

58 A FILOSOFIA NO SÉCULO XX

no vasto mar da Realidade a respeito dos quais não obstante toda a sua interdependência, a nossa visão filosófica, partindo do exame da situação a que chegaram as respectivas ciências, se acha suficientemente amadurecida para podermos afirmar a existência duma essencial irredutibilidade entre eles e a característica estrutura de duas *espécies de ser* em face um do outro: o domínio dos problemas da *vida (Biologia)* e o dos problemas da realidade da *alma* e do *espírito (Psicologia e Ciências do Espírito)*.

Isto já nos mostra qual é o tema fundamental e essencial da nova Metafísica da Realidade. Esse tema é a *Ontologia*. Mas este deve entender-se, antes de mais nada, no sentido duma mostração descritivo-analítica das diversas espécies de ser e particularmente das diferentes *regiões* do nosso mundo da experiência e das suas respectivas estruturas e categorias.

Em face das anteriores pretensões da *Teoria do Conhecimento*, que não duvidava arvorar-se em ciência filosófica fundamental, o nosso tempo regressa pois, pode dizer-se, às antigas tradições da Filosofia da Antiguidade e da Idade-Média, à «*prima philosophia*», que o século XIX tinha deixado perder de vista em benefício da «Lógica transcendental». Esta Ontologia *crítica*, duplamente fundada na intuição e na experiência e liberta de todas as preocupações de sistematização da antiga Metafísica, bem como das pretenções do racionalismo conceitual, é que constitui a principal exigência do nosso tempo, cuja satisfação começa a ser atendida por parte dos mais diversos sectores da opinião filosófica. Enfim, por toda a parte se manifesta a tendência para, em aberta oposição às antigas tentativas de construção *monista* dos con-

AS «REGIÕES» DA REALIDADE 59

ceitos de Ser e Realidade, levantadas sobre o terreno de um certo tipo preferido de factos, trazer à plena luz da discussão filosófica a profunda e original diversidade dos diferentes domínios ou «regiões» do ser.

I — O PROBLEMA DA VIDA

O primeiro impulso neste sentido, representando uma primeira brecha aberta no esquematismo das nossas noções da realidade e da ciência, peculiares do chamado *Mecanismo causal*, que durante o século XIX tinha logrado por toda a parte geral aceitação, partiu do campo das ciências biológicas.

A *Teoria mecânica da Vida* e a convicção de que o tema central das investigações sobre a vida orgânica devia ver-se na descoberta de relações causais entre fenómenos, segundo o tipo das leis físicas e químicas, foram expostas a duros e certeiros ataques. A chamada *Filosofia naturalista*, já tão abalada em sua reputação na época anterior, quando entendida no sentido duma concepção sobre os princípios do ser (que não apenas como uma simples lógica e uma metodologia apropriadas a um certo estado de desenvolvimento das ciências), volveu-se, por assim dizer, numa obcecante preocupação dos investigadores e pensadores dentro da nova problemática da Biologia teorética [1].

---

[1] Uma segunda brecha aberta no mesmo esquematismo unitário do mecanismo causal é a representada pela crítica do conceito de *causa* e das leis causais que hoje se eleva do próprio campo da Física e dos domínios científicos circunjacentes. Enquanto que numerosos pensadores e cultores destas ciências, mesmo de orientação filosófica, como RUSSEL, se declaram pela conservação e aplicação ao mundo inorgânico dos

A FILOSOFIA NO SÉCULO XX

Continuando as observações biológicas feitas por Roux no domínio duma «Mecânica evolucionista», por este fundada, foi, porém, H. Driesch quem neste ponto conseguiu chegar a novos resultados e elevar-se não só a uma nova interpretação como a uma nova determinação de fins e uma nova concepção da vida orgânica. A sua *Filosofia do Orgânico*, que fez época, veio, com efeito, estabelecer a ideia de *«todo»* como categoria fundamental irredutível de tudo o que é vida, contrariamente às concepções reinantes até aí àcerca do organismo como simples agregado de tecidos e forças ou como somatório de fenómenos e de processos semelhantes aos que se manifestam nas análises da Física ou da Química (doutrina ainda há pouco representada por J. Schultz na sua teoria mecanista da vida). A relação entre o *todo* e as *partes* tornou-se assim, no domínio biológico, uma relação completamente diversa da que vigora no domínio do inorgânico, sendo os processos vitais considerados acções e reacções dum «todo» que determina a função e o desenvolvimento das partes.

---

conceitos de ser e de lei causal, não faltam em outros, como Eddington, sugestões inteiramente novas nesta matéria. Numa íntima relação com este facto está o que se passa com a crise que está atravessando a matemática (Cantor, Couturat, Hilbert) no que respeita aos seus fundamentos e que leva a pôr em dúvida o núcleo de doutrinas da antiga lógica clássica. Em todo o caso, uma Filosofia natural do mundo inorgânico ontologicamente orientada e tendo como base as profundas transformações operadas na Física moderna, pode dizer-se que mal foi ainda tentada. A verdade é que a Filosofia da Matéria tem-se deixado ficar até hoje presa dentro dos mesmos quadros da problemática teorético-crítica e metodológica numa atitude toda positivista.

AS «REGIÕES» DA REALIDADE 61

Assim se explica que a consideração e a investigação do «todo» se tenham tornado, a partir de então, o novo tema da Filosofia da Natureza e da Biologia. A vida passou a ser novamente intuída como *forma* e *carácter* (CHAMBERLAIN). A estrutura formal do organismo torna-se factor real nos processos de desenvolvimento e da hereditariedade dos seres vivos. As *formas típicas* destes adquiriram deste modo uma nova e fundamental importância para a interpretação da vida. Mas tudo isto nos leva a notar que, de facto, não são senão novas elaborações de antigos pensamentos da Filosofia (idealista) da Natureza as que nessas modernas doutrinas afinal se afirmam e manifestam. O que é preciso, antes de tudo, não perder de vista é que uma *«compreensão pela totalidade»* se afirma hoje energicamente, em oposição a uma simples compreensão pela lei causal. Além disso, não faltam também tendências no sentido, inclusivamente, de conceber as formas orgânicas como manifestações ou modos de expressão de certas relações fundamentais de natureza vital e dinâmica, segundo o tipo dos *sistemas de forças* que entram em jogo nos diferentes seres vivos; e ainda no sentido de interpretar, portanto, a realidade corpórea e espacial como um simples campo de manifestação e expressão para esses sistemas de forças íntimas da vida (M. SCHELER, DACQUÉ, FRIEDMANN, etc.).

A autonomia dos factos vitais e a natureza *sui generis* da causalidade biológica tornaram-se convicção dominante, mesmo nos meios em que aliás as restantes doutrinas do *Neovitalismo* de DRIESCH (ou inclusivamente de outras formas do vitalismo dos nossos dias, como as de REINKE, FRANCÉ, G. WOLF, ou do *Psicovitalismo* de E. BECHER e PAULY) encontraram impugnação e crítica. Assim, por exemplo o conceito de «entelechia» de DRIESCH (como dum, princípio de realidade não-material e não espacial, mas em todo o caso diferente da «entelechia» de ARISTÓTELES) não só não se mostrou útil e vantajoso para

62 A FILOSOFIA NO SÉCULO XX

quaisquer conclusões que dele se pudessem tirar, como
até, olhado no ponto de vista da ideia do *todo* e da
exigência duma harmonia imanente no organismo,
não pôde deixar de merecer geral reprovação. Em todo
o caso, do que não pode duvidar-se é de que a tendência
fundamental do novo Vitalismo — não só neste ponto
como em outros fundamentais (*«Dominantes»*, *«Potências
Psicoides»*, etc.) — não deixou, duma maneira geral,
de triunfar: a conciliação da doutrina da autonomia da vida com a convicção, por outro lado, de
que toda a matéria e força do *processus* vital se acham
também inteira e materialmente sujeitas, no sentido
tradicional, aos processos físico e químico (isto em
manifesta oposição à doutrina do Vitalismo de épocas
anteriores). Os factores naturais, que aqui se tornam
determinantes e nos são desconhecidos (e até duma
excessiva dificuldade de apreensão para o nosso conhecimento), são portanto, dentro desta concepção, pensados
como princípios *supra-conformadores*, que, longe de
contrariarem as leis e energias do mundo inorgânico
ou de as deixarem de lado, pelo contrário, colaboram
na sua própria realização, as tomam como base, e são
ao mesmo tempo sua fonte material.

E não só isso: ao mesmo tempo que o conceito
de *todo*, é também de novo restaurada (como limite para
que tende já o próprio conceito de *entelechia)* a própria concepção finalista, *teológica*, de finalidade,
de todo o *processus* vital. Esta equivale na dimensão
temporal ao conceito de totalidade. Pode também
dizer-se neste ponto que a fundamental tendência da
concepção científica do mundo dos tempos modernos, na sua luta contra toda a ideia de teleologia e

AS «REGIÕES» DA REALIDADE 63

antropomorfismo, para negar todas as categorias da *finalidade* e todos os princípios ônticos de *valor*, pelo menos no domínio puro da Natureza, do mesmo modo se revela hoje cada vez mais absurda e improfícua. Pelo contrário: aquilo que não pode deixar de ser reconhecido, mesmo no mais elementar processo vital, é a existência não só duma «evolução dirigida» como duma «tendência» selectiva de valores. Neste ponto é mesmo interessante notar a tendência dos nossos dias para acentuar o momento finalístico — nunca confessado, mas sempre latente nos pressupostos do próprio darwinismo, ao pretender este tornar perfeita a sua construção mecanista da vida — e que não só aí se manifesta como em toda a descrição e análise do orgânico. Não é só a importância do desenvolvimento «futuro» para os processos orgânicos (evolução, regeneração) que é tomada em conta e fixada em conceitos; reconhecem-se ainda, inclusivamente, novos factores «prospectivos» e novas potências vitais. E contudo também aqui convém não esquecer que, não obstante tudo isto, e contrariamente às antigas concepções teleológicas, os novos conceitos (como os de «teleoforme» e «teleokline», etc.) relativos às tendências vitais dirigidas, não deixam igualmente de repelir toda a representação, não só de quaisquer fins e caminhos previamente determinados à vida, como de qualquer ordem de perfeição imposta aos seres *teleologicamente*. Uma importância cada vez maior é atribuída aos factores «anomalia» e «acaso», na explicação das estruturas teleoformes e da evolução em conjunto do processo vital. Por outro lado, procura-se também evitar, cada vez mais, toda a interpretação

64 A FILOSOFIA NO SÉCULO XX

deste processo à luz de qualquer modelo duma actividade consciente e capaz de se propor fins (como, por exemplo, a que consiste numa transposição destes para o inconsciente, como na Filosofia idealista da Natureza ou no Vitalismo de E. von Hartmann).

Um lugar de destaque deve ser atribuído dentro destes novos pontos de vista finalistas à concepção de J. V. Uexküll àcerca dos «planos construtivos» dos seres vivos. Segundo esta concepção, as formas e as funções destes seres seriam determinadas por um conjunto orgânico de planos de índole bastante plástica, ligados entre si por um plano comum de execução. Em tais «planos construtivos» pretende Uexküll ver factores naturais não materiais, embora no seu conjunto orgânico, como sistema, eles não só sejam susceptíveis de serem objecto de percepção e investigação, como devam até constituir o tema fundamental de toda a investigação biológica. São eles que constituem para Uexküll o verdadeiro e permanente ser da natureza orgânica, achando-se sempre presentes em número determinado em todos os casos em que surjam quaisquer possibilidades de realização para a vida. Como se vê, a Filosofia contemporânea da vida orgânica volta assim a aproximar-se neste ponto das concepções da Filosofia da Natureza de outros tempos, apenas rejeitando os seus pressupostos metafísicos, como eram, por exemplo, os do Idealismo platónico ou os do Idealismo postkantiano. Além disso, uma outra dimensão particularmente importante de certas estruturas finalistas, em caso algum explicáveis só por meio da hipótese mecanista, foi posta em evidência por E. Becher. Ao lado dos fenómenos duma finalidade orientada no próprio interesse dos seres vivos, orientada no interesse da espécie, outros há duma finalidade que se pode considerar orientada no sentido dum interesse alheio. Acrescente-se a isto que também o recíproco ajustamento dos diferentes domínios da vida uns aos outros, ou o facto da recíproca engrenagem de uns nos outros dos diversos «planos construtivos» na vida de vários animais, são fenómenos que des-

AS «REGIÕES» DA REALIDADE 65

pertam hoje uma atenção cada vez maior. Numa palavra: o problema duma superior unidade e planeamento do mundo orgânico (sugerido pela nova maneira de compreender e interpretar o princípio da evolução histórica das espécies) — a ideia da totalidade transbordante duma Vida única — é um problema que por toda a parte se impõe cada vez mais à reflexão dos espíritos (Bergson, Becher, M. Scheler, etc.).

Mas ainda não só isso. Com estes caracteres dum *totalismo* e dum *finalismo* vitais fundamentais prende-se ainda estreitamente uma outra importante transformação operada na concepção da vida e especialmente da evolução desta. Também esta não só no seu ponto de partida como nas suas consequências vai muito para além do domínio da Biologia e da Filosofia da Natureza. Com efeito, em oposição ao «darwinismo» — que, como é sabido, atribuia o mais importante papel na transformação das espécies ao princípio mecânico da conservação e pretendia explicar todas as formas evolutivas pela necessidade de novas reacções e adptações dos seres na sua «luta pela vida» — levanta-se uma outra concepção que considera a vida como alguma coisa de essencial e de permanentemente sujeita a um *processus* de transformação «de dentro para fora», que se renova e eleva por si mesmo constantemente. As chamadas categorias da «utilidade» e «passividade» no *processus* evolutivo cedem, por assim dizer, o passo perante a verificação duma categoria de verdadeira «criação» permanente, isto é, duma actividade da vida no seu exuberante desenrolar-se — criadora e ao mesmo tempo sempre caprichosa no seu jogo inventivo de novas formas, não por virtude duma necessidade exterior, mas sim dum

s

A FILOSOFIA NO SÉCULO XX

excesso de energias latentes nela contidas. As origens destes novos princípios, triunfantes sobre o evolucionismo naturalista do século passado, encontram-se já, pode dizer-se, em alguns precursores desta orientação nos fins do século XIX, tais como, por exemplo, um GUYAU na França, um BUTLER na Inglaterra, e ainda um NIETZSCHE na Alemanha. Mas a mais poderosa formulação filosófica destas ideias foi a que lhes foi dada pela doutrina de BERGSON na sua *Évolution créatrice*. Na Alemanha M. SCHELER e na Inglaterra C. E. M. JOAD não fizeram mais do que desenvolver a mesma orientação.

A «espontaneidade» da vida é pois o princípio directivo e a característica essencial que, tanto a respeito do organismo individual como da evolução das espécies, se destaca hoje cada vez mais, de novo, na crítica do Darwinismo e dos seus conceitos fundamentais. Às simples relações de «reacção e estímulo» e de «adaptação ao meio», opõe, por exemplo, a doutrina de UEXKÜLL sobre os «ambientes» dos animais o seguinte fecundo pensamento: é o próprio organismo quem talha para si, do meio em que vive, o seu próprio «ambiente» (como um todo articulado) e quem constrói para si, em harmonia com as suas particulares características, o seu próprio pequeno mundo e o *«espaço vital»* em que há-de mover-se. Assim, a grande diversidade que de facto se nota entre os vários «ambientes» vem a ser explicada pela espontaneidade da vida e das suas direcções endogénicas e deixa de o ser por quaisquer considerações físico-fisiológicas, como até aqui acontecia. A ideia kantiana da condicionalidade subjectiva da realidade empírica, particularmente do mundo externo, no meio do qual o homem se encontra, vem também deste modo a achar-se ampliada ao domínio da Biologia. — De resto, não deixam de alcançar também uma extraordinária importância para a determinação fundamental do novo conceito da vida as investigações biopsíquicas, recentemente retomadas, sobre o pro-

AS «REGIÕES» DA REALIDADE 67

blema do instinto, sobre os actos instintivos e de inteligência
dos animais, sobre a vida e a experiência, a vida e a memória,
movimento, acção e jogo destes. É sobretudo aqui que se abrem
para a concepção *autonómica* da vida e das específicas categorias da *região biológica* novos horizontes e se patenteia a absoluta insuficiência das explicações mecanistas de outros tempos.
E assim se vai, numa palavra, preparando de novo o terreno
para a profunda convicção de que a vida tem de ser compreendida e interpretada *de dentro para fora*, e não de fora para dentro,
segundo caracteres que nós, os homens, aliás podemos muito
bem compreender sem sairmos de nós próprios, embora possamos
correr assim o risco de cairmos numa falsa interpretação exclusivamente humana das coisas.

II – O PROBLEMA DA REALIDADE PSÍQUICA
E ESPIRITUAL

Um outro movimento de ideias que veio abrir
nova brecha nas nossas concepções tradicionais sobre
a Realidade, produziu-se no domínio da Psicologia.
Este surge numa íntima ligação com os novos temas
das chamadas «Ciências do espírito» *(Geisteswissenschaften)* tão desenvolvidas já no século xix. Foi neste
terreno, com efeito, que se produziu também recentemente um novo e poderoso arranque da investigação
filosófica sobre as diversas espécies e *regiões* do ser e
sua coordenação. A Psicologia, tal como a tinha
construído o século xix, achava-se, como é sabido,
em todos os países europeus, inteiramente sujeita aos
métodos das ciências exactas da natureza. Não só a
realidade psicológica era por ela construída como um
«mundo interior», segundo o modelo do «mundo exterior» da Física mas ainda entendia-se que a Psicologia

68 A FILOSOFIA NO SÉCULO XX

não podia ter outra missão que não fosse a de descobrir as *leis causais* reguladoras desses fenómenos internos.

A tendência fundamental era a de procurar estabelecer uma *Estática* e uma *Dinâmica* dos processos psíquicos elementares. Sem dúvida, as duas espécies de ser — o físico e o psíquico — eram (excepto entre os materialistas) rigorosamente mantidas e distintas uma da outra. O dualismo cartesiano (das duas, e só duas, espécies de substância) e sua consequência na doutrina da KANT, relativamente às duas únicas direcções e dois domínios possíveis da experiência da realidade empírica, dominavam, pode dizer-se, por completo o conceito da realidade. Mas — e isto é o mais importante — a estrutura das leis que vigoravam para os dois domínios e as categorias do pensamento (como já em KANT) eram absolutamente as mesmas tanto num caso como no outro. Na verdade, a *teoria associacionista*, a dissociação da alma em elementos psíquicos, a Psicofísica, os novos métodos experimentais, a tendência para uma concepção matemático-quantitativa, a doutrina do paralelismo psicofisiológico, ou ainda a das acções e reacções recíprocas, nada mais representavam do que o querer colocar a Psicologia sob o signo do *Fisicalismo*.

A Psicologia pretendia emancipar-se da Filosofia, converter-se em ciência exacta; era assim que a situação era vista não só por parte dos psicologos do positivismo como até por parte dos filósofos da Filosofia transcendental. Com efeito, estes reservavam para si a «consciência transcendental», as suas funções *a priori*, e os valores espirituais-ideais. Mas o mundo da experiência da vida humana interna, esse, era afinal deixado (como também já em KANT) à investigação psicológica positiva da causalidade e à sua concepção do ser. Resultado foi que todo o conteúdo de *sentido* e *valor* da vida, das vivências da alma e do espírito, foi deste modo excluído dessa contemplação «exacta», científica, dos fenómenos psicológicos e por fim, como não podia deixar de acontecer, explicado como um complexo de puras ilusões determinadas por leis naturais.

AS «REGIÕES» DA REALIDADE   69

De modo que, por exemplo, para a liberdade e espontaneidade criadora da mente e das acções humanas não ficou lugar senão — se é que aí ainda ficou algum — no domínio ideal-abstracto da teoria filosófica da consciência transcendental. Por outro lado, manifestava-se por parte da Psicologia a pretensão *(Psicologismo)* de transportar para o terreno da Psicologia empírica os grandes problemas da Filosofia transcendental, como eram os da Lógica, da Estética, da Ética, da Filosofia religiosa, etc. Entendeu-se ainda que para além da investigação psicológica da vida interior do indivíduo, devia também investigar-se (com os correspondentes métodos) o determinismo fundamental da vida e actividade culturais e espirituais das colectividades humanas (assunto das Ciências do espírito) dentro duma ciência chamada Psicologia social *(Völkerpsychologie)*. Numa palavra: psicologia religiosa, ciência psicológica do sentimento moral e jurídico, psicologia dos prazeres e da criação estética, psicologia da linguagem, interpretação psicológica das leis lógicas, etc., tudo isso pretendeu tomar o lugar da anterior Filosofia do Espírito.

E contudo deve dizer-se: sempre que, embora sem perder o pressentimento do que há de especial nas Ciências do espírito (das *Kulturwissenschaften)*, se quis ir buscar o auxílio da Psicologia para com ele se obter uma mais justa formulação filosófica dos seus problemas, teve de se reconhecer a absoluta insuficiência, pelo menos, deste tipo de Psicologia. A «crise da psicologia» — cuja causa se deve ver, em parte, nas razões que acabamos de apontar, em parte na total incapacidade desta Psicologia para nos poder dar uma verdadeira doutrina da alma humana — conduziu a uma enorme barafunda de velhas e novas direcções, de velhos e novos princípios *(Psicologia da consciência* e *Psicologia do inconsciente; Psicologia pragamista* e *Psicologia de conteúdos suprapessoais;*

70 A FILOSOFIA NO SÉCULO XX

Psicologia da inteligência, do *sentimento,* da *vontade*
e da *sensação,* etc.). E assim não é de estranhar que
um pouco por toda a parte, já pelos fins do século XIX,
tanto na América como na Europa, tenham surgido
numerosas tentativas para fundar de novo a Psicologia
(NIETZSCHE, JANET, RIBOT, BRENTANO, W. JAMES, etc).
DILTHEY foi, porém, aquele que primeiro e mais profundamente do que ninguém soube também compreender e formular esta oposição de tendências.
A verdade é que a Psicologia naturalista — que abandona o «todo» da vida psico-espiritual imediatamente
dado nas nossas vivências, por amor dum hipotético
sistema de explicações fundadas em certas constantes
psíquicas, e pretende colocar no lugar das profundas
unidades de motivação puras séries causais — não pode
já hoje satisfazer as exigências das «Ciências do espírito»
nem dar-nos conta dos seus conteúdos de realidade.
Hoje exige-se alguma coisa mais; exige-se uma nova
orientação de fins e de métodos na Psicologia no
sentido das «Ciências do espírito»; exige-se, numa palavra, uma Psicologia emancipada do naturalismo que
permita uma fecunda colaboração entre ela e essas
ciências. E de facto, de todos os lados essa colaboração
é reclamada. Lembremo-nos do conceito de NIETZSCHE
àcerca do filósofo-psicólogo (na problemática da cultura
e da concepção dos valores), da reinvindicação do
problema da liberdade real, empírica, do *eu real* e
concreto do homem (BERGSON) e ainda dos modernos
temas da concepção psicológica da vida religiosa
(KIERKEGAARD) e da criação espiritual. As primeiras
décadas do século actual acharam-se, pode dizer-se, sob o
signo das tentativas de edificação desta nova Psicologia.

AS «REGIÕES» DA REALIDADE

Esta procura, com efeito, abrir de novo caminho até à Pedagogia, por meio dum processo de compreensão descritivo-analítico de certas tendências psíquicas e espirituais (intuídas no seu «sentido») e de certas actidades, bem como por meio da contemplação e interpretação de certas atitudes típicas da personalidade humana (Nohl, Kerschensteiner, A. Fischer, Kroh); vai ao encontro da moderna e recente *Caracterologia* e até, inclusivamente, dos novos estudos sobre a individualidade, a personalidade, e da *Psiquiatria* (Spranger, Litt, Klages, Jaensch, Kroh, Dewey, Kraepelin, Jaspers). A própria *Psicologia profissional* acha-se abrangida neste movimento renovador das velhas concepções e dos velhos temas, voltando também a procurar novo e mais estreito contacto com a Filosofia. É o que se nota especialmente a propósito das investigações da Fenomenologia da consciência *(Fenomenologia dos actos)* a qual, por sua vez, procura também acentuar a sua ligação com a *Psicologia descritiva* (Husserl, Ppänder, Geiger, etc.).

Esta nova maneira de conceber a realidade psíquica parte das vivências psíquico-espirituais e procura elevar-se até à investigação das suas funções elementares. Caracterizam-na, não só o restauro das categorias de «sentido», «valor» e «significação» (como categorias fundamentais do «ser», próprias desta espécie de vida ou de realidade), como ainda, particularmente, a aceitação que faz, em todas as suas possíveis direcções, do carácter totalitário de todas as vivências e operações psíquicas. Assim «estrutura» e sistema ou conexão de estruturas, em Dilthey e seus continuadores; e o conceito de «qualidade da forma», *Gestaltsqualität*, introduzido em Psicologia por Von Eherenfeld e desenvolvido por Köhler e outros na base duma nova corrente de investigações chamada «*Psicolo-*

72 A FILOSOFIA NO SÉCULO XX

gia da Forma» ou *Gestaltspsychologie*. Esta corrrente combate
todas as tendências da Psicologia mecanicista que tudo procurava explicar por somatórios e adições, como era, por exemplo, a *Psicologia associacionista* tradicional. Além disso, de
notável significado filosófico geral é também a superação da
pura Psicologia de conteúdos e estados psíquicos, substituída
por uma Psicologia que procura ver a verdadeira essência do
psíquico nas próprias funções que já contêm em si mesmas,
na sua íntima pureza, o carácter do *eu*. Neste ponto a nova
Psicologia encontra-se com a moderna *Teoria dos actos*, inau-
gurada por BRENTANO e desenvolvida depois pela corrente
fenomenologista, que está alcançando hoje uma extensão cada
dia maior no domínio da vida emocional. Pouco a pouco, é um
dinamismo de todas as ordens e séries de factos, de aconteceres, que assim vem sendo reconhecido como nota característica fundamental de tudo o que é psíquico. Em contraposição a uma «psicologia sem alma«, passam a ser, cada vez
mais, considerados como essência da realidade psíquica, sobre
uma base de estudo puramente empírica e descritivo-analítica:
o carácter totalitário do eu e a unidade autónoma do «si-mesmo»
— do *Selbst*, do *soi-même* — embora este seja, por assim dizer,
formado por diversas camadas e apresente a tendência para
se dissociar nos seus fenómenos periféricos. Pode dizer-se que
o enérgico ataque dos problemas relativos ao *consciente* e
inconsciente — conduzido também dentro duma orientação
descritivo-analítica e não especulativo-construtiva — concorreu deste modo para aprofundar e alargar consideravelmente,
o conceito da realidade psíquica, no sentido duma verdadeira
«esfera» não apenas subjectiva da realidade. Contrariamente
à orientação seguida pela simples psicologia de factos e vivências, faz-se hoje distinção entre o psíquico-real (o psíquico em
si mesmo) e os seus aspectos e retalhos que constituem o viver
da consciência (GEIGER). Ambos, o *consciente* e o *inconsciente*
constituem, segundo os mais recentes pontos de vista desta
Psicologia (na sua acção e reacção recíprocas constantes, bem
como na sua permanente confluência de um no outro) uma
ininterrupta unidade da vida psíquica, desde os mais eleva-
dos degraus da actividade espiritual consciente até aos **mais**

AS «REGIÕES» DA REALIDADE 73

elementares fenómenos no domínio do composto humano. Foram — pode dizer-se ainda — os conhecimentos alcançados por este caminho que permitiram enfim a criação da chamada «Psicologia médica». Esta, adoptando meios e caminhos psicológicos, tornou possível curar males e doenças da alma. Como foi, finalmente, deste mesmo modo que se pôde constituir uma Psiquiatria de orientação psicológica (JANNET, CHAR- COT, KRAEPELIN). Esta última tem conseguido do mesmo modo não pequenos triunfos, trabalhando duma forma inteiramente nova, já com os clássicos meios do hipnotismo e da sugestão (COUÉ e BAUDOIN), já da *Psicanálise* (FREUD, JUNG e outros), já da psicologia individual (ADLER e KÜNKEL).

Se quisessemos apreciar como o problema da realidade psíquica — e com ele, naturalmente, o problema filosófico geral das diferentes esferas da realidade — se tem tornado, através destas transformações da Psicologia, um problema filosoficamente interessante, bastaria atentar no seguinte facto: esta aproximação, de que falamos, entre a Psicologia e as Ciências do espírito — bem como a aproximação entre aquela e as significações espirituais de *sentido* que se descobrem no psíquico do homem — de modo algum desterraram a Psicologia-ciência-natural com as suas categorias naturalísticas. Pelo contrário, a Psicologia dos nossos dias não deixa de tentar penetrar também, numa proporção até hoje nunca conhecida, até às últimas raízes naturalistas da vida da alma. Certamente, o *Fisicalismo* foi ultrapassado. Mas as relações da Psicologia com a Biologia é que nem por isso deixaram de se tornar extraordinariamente mais estreitas. A transição da antiga problemática de outros tempos com o seu carácter sensualista e intelectual

A FILOSOFIA NO SÉCULO XX

predominante (sensação, representação, memória, inteligência), para a moderna com os seus problemas relativos aos processos fundamentais da vida emocional e instintiva, e a conquista por parte da Psicologia dos domínio do *inconsciente*, voltaram a colocar de novo no centro das preocupações desta última — deve dizer-se — precisamente também as relações entre ela e a Biologia. E, facto curioso: deve igualmente notar-se que as categorias do «biológico», longe de exluírem as do «psíquico», se mostram, pelo contrário, profundamente harmónicas com estas no que têm de mais estrutural *(Totalidade integral — Estrutura teleoforme* — tendências com orientação de sentido — *Espontaneidade central);* por forma que aquilo que neste ponto se vem a passar, é antes uma interpretação e combinação de categorias de pensamento que deixam a perder de vista todas as concepções paralelistas do dualismo *«matéria-consciência»* em voga desde DESCARTES. E contudo também a distinção ôntica fundamental entre as duas espécies de ser: a do «inextenso-interior» e a do «espácio-material» permanece absolutamente intacta. Quer dizer: categorias transcendentes, leis estruturais, séries de produção de fenómenos e de ritmos da «vida» procuram sujeitar e submeter a si várias espécies e regiões heterogéneas do Ser. Por outras palavras ainda: o «psíquico» passou a ser encarado (como nunca até aí o fora), não só através do seu essencial *condicionamento* pelo «orgânico-material» e corpóreo como no aspecto da sua íntima compenetração dentro dum sistema de correlações psicofisiológicas. A isto se chegou combinando o seu estudo, não só com as investi-

AS «REGIÕES» DA REALIDADE 75

gações da Psicologia animal (exemplo: a Psicologia do *Behaviorimus*», de Watson, e a Psicologia do instinto, de Mac Gougall, na América), mas ainda com o estudo dos problemas biopsíquicos dentro da Biologia. Estes os factos. E todavia — note-se, por último — igualmente erraria quem pensasse que a interpretação naturalista do psíquico não perdeu terreno algum nos domínios da Psicologia moderna. Sem dúvida, perdeu. O mais exacto será por isso pensar o seguinte: a Psicologia, segundo as mais recentes concepções do nosso tempo, não deve situar-se hoje nem dentro do quadro das Ciências do espírito nem dentro do das Ciências naturais. O fenomenismo natural da vida, a vida e o conjunto de vivências do psíquico-espiritual, acham-se hoje profundamente entrelaçados um no outro. Prende-os uma relação de hierarquia e unidade, não obstante a diversidade a e heterogeneidade, extremamente difíceis de prescrutar, que os envolvem. Um vastíssimo campo de problemas acha-se pois também aí aberto à investigação filosófica.

Na Alemanha manifesta-se em nossos dias uma tripla diversidade de correntes dentro desta nova Psicologia. Segundo a primeira, a psicologia clássica das escolas evoluciona no sentido de se transformar: duma psicologia que procura sobretudo compreender as íntimas conexões e relações e as íntimas «figuras» típicas do psíquico (Köhler, Böhler, Krüger). Em harmonia com a segunda, desenvolve-se, em estreita ligação com a Psiquiatria, uma nova ciência das relações entre o ser corporal e o psíquico (Kretschmer, Jaensch). E finalmente uma terceira tendência, notavelmente florescente, é a que procura construir a Psicologia sobre a base do princípio da «compreensão» *(Verstehen)*, como uma *Psicologia-de-tipos* (Spranger, Jaspers, Jung, etc.).

III — O PROBLEMA DO SER ESPIRITUAL

Um outro tema assaz importante da investigação filosófica sobre a Realidade, é o que nasce dos novos estudos sobre a vida psíquico-espiritual e especialmente sobre os fundamentos das «Ciências do espírito»: o problema do *Ser espiritual*.

A autonomia do espiritual, no sentido mais geral da palavra, foi o tema em torno do qual se travou, como é sabido, a luta contra o psicologismo, luta essa que foi sobretudo conduzida pela filosofia transcendental e também, embora de uma forma diversa, pela *Filosofiã do Espírito* (exemplo, Eucken, combatendo a penetração cada vez maior, particularmente na Lógica e na Teoria do conhecimento, dos pontos de vista e das pretensões do psicologismo. Porém, quem com mais energia e eficácia sustentou esse combate na transição do século XIX para o actual, foi Husserl, com o primeiro volume das suas *Logische Untersuchungen*. Esta natureza particular, inteiramente *sui generis*, do espiritual (e antes de mais nada das próprias leis ideais dos *valores* e dos *sentidos)*, em contraposição a toda a vida e experiência do psíquico (do psíquico-espiritual), tornou-se depois disso, pode dizer-se, geralmente aceite, inclusive da própria Psicologia, e tem sido constantemente aprofundada. Enquanto que contudo, durante o reinado da Filosofia transcendental, os conteúdos e as leis ideais do espírito eram considerados ancorados, segundo a ideia de Kant, numa «consciência transcendental» e intemporal, ou desterrados para uma esfera de normas e de coisas valiosas para a consciência, hoje, pelo contrário, triunfa na Filosofia moderna a tendência, já representada no século XIX por Bolzano *(«Satz an sich»)*, que atribui o carácter de ser, essencialmente independente da consciência, a todo o «ideal-espiritual» (N. Hartmann, A. von Pauler e outros). O problema do *ser ideal* intemporal na sua heterogeneidade e independência em face do *«real-espacial»*, bem como nas suas relações com o ser da rea-

AS «REGIÕES» DA REALIDADE 77

lidade, tornou-se o tema fundamental da moderna Ontologia. Dentro desta predomina a tendência para abordar descritivamente o estudo desse ser, nas suas características maneiras de existir e de se manifestar e, portanto, independentemente não só dos pressupostos especulativos do platonismo como da doutrina da consciência transcendental de KANT.

O novo ponto de arranque para o estudo deste problema deve, porém, ver-se na questão da *realidade objectiva do espiritual*, representado este pelo mundo da civilização e da cultura, tal como o homem o construiu, considerado o suporte da própria vida humana. Ora este mundo ou domínio da Realidade, na sua vida própria e no seu desenvolvimento históricos, a partir da realidade da natureza orgânica e da inorgânica — é que constitui, precisamente, o objecto central das chamadas «Ciências do espírito» *(Geisteswissenschaften)*. A Psicologia não pode por isso fornecer só por si, mesmo depois da transformação a que nos referimos, a base filosófica para estas ciências; nem mesmo quando, depois da análise da consciência individual e das vivências desta, pretende passar a ocupar-se dos factos e dos íntimos *processus* do ser social (como na *Völkerpsychologie* de WUNDT, na *Psicologia das multidões*, de LE BON, ou na dos primitivos, de LÉVY-BRÜHL, etc.). Importantes e até decisivas para as «Ciências do espírito» e para o mundo social e histórico da vida do homem que nelas se reflecte, só o podem ser, portanto, certas realidades que se acham para além de toda a experiência: as obras, as instituições, as formas da vida, tais como estas alternadamente nos são dadas, na arte, nos costumes, no direito, na religião, na ciência, na economia e na política, através do espaço e

78 A FILOSOFIA NO SÉCULO XX

do tempo. O facto de estes produtos da cultura se acharem condicionados na sua existência e desenvolvimento histórico por uma actividade psíquica criadora e pelas transformações da experiência humana, não é o bastante para os converter, na sua específica forma de existir, em simples conteudos psicológicos. A verdade é que eles nesse seu existir sobrevivem à consciência de cada época e chegam a condicionar, por sua vez, toda a formação da consciência e da vida da alma nas suas igualmente características formas de existência.

A nota filosófica mais característica desta realidade espiritual no presente (fazendo-a destacar tanto da realidade psíquica como do ser espiritual-ideal) é, porém, a que nos é dada sobretudo no conceito hegeliano do «*Espírito objectivo*». É este precisamente o sentido que alcança hoje esta nova realidade espiritual dentro da moderna investigação filosófica. Com efeito, o que tamhém aqui se procura, como nos outros domínios da realidade, é *mostrar*, por meio duma análise dos dados empíricos em todos os domínios da vida e do obrar humanos relativos à cultura, os específicos caracteres ônticos e, antes de mais nada, a específica forma de ser e de existir temporal e histórica desta realidade, independentemente de todos os pressupostos metafísicos idealistas sob cuja influência aliás se achava a doutrina hegeliana do *Espírito objectivo*. Eis aí a problemática que tende a impor-se cada vez mais em numerosos sectores da moderna Filosofia da Cultura e da moderna Sociologia, partindo do pensamento hegeliano. Ela manifesta-se não só na *Filosofia da Vida (Lebensphilosophie)* de Dilthey e

AS «REGIÕES» DA REALIDADE 79

seus continuadores, elevando a pura vivência psíquica até ao dinamismo e ritmo da vida próprios da realidade espiritual, como na particular dialéctica dos *estilos* e das formas da arte, como ainda na *Psicologia de Tipos (Typenpsychologie)* de SPRANGER e JASPERS. Este último, partindo das «formas da» vida *(Lebensformen)* próprias do homem e das «concepções do mundo» *(Weltanschauungen)* da consciência vivente, não duvidou considerar estas, no fim de contas, também como caracterizações históricas objectivas do mundo do Espírito na riqueza das suas formas. E o mesmo digamos de H. FREYER (partindo do estudo das obras em que se objectivou o espírito) e de N. HARTMANN, acabando por analisar em toda a sua extensão a realidade espiritual e as suas respectivas estruturas ônticas.

O actual conceito de vida ultrapassa portanto, na sua forma mais ampla, não só a realidade orgânica, como a psíquica (psíquico-espiritual), e até inclusivamente a própria realidade espiritual. A moderna *Filosofia da Vida* — em diametral oposição à que se desenhava já porventura em FICHTE e dela radicalmente diferente por partir dos problemas da experiência e da realidade com total postergação do conceito religioso da vida — acha-se hoje caracterizada, nas suas diferentes orientações, por sugestões que alternadamente lhe vêm: já do domínio histórico-cultural, já do orgânico, já do psíquico, e ainda pela constante perspectiva que a domina de uma total integração de todos estes domínios uns nos outros. Este vasto e compreensivo conceito da vida, com efeito, é o que mais ou menos conscientemente se acha, pode dizer-se, na base da obra do maior número de pensadores dos nossos dias ao preocuparem-se com o problema das realidades culturais e espirituais, e desde DILTHEY e NIETZSCHE até SIMMEL TROELTSCH, SPENGLER, KLAGES, etc. De resto, uma curiosa pro-

80   A FILOSOFIA NO SÉCULO XX

blemática acerca das concepções metafísicas do mundo nasceu também desta tensa oposição e antagonismo entre os conceitos de vida e espírito, tornada extraordinariamente actual, como se sabe, na consciência da cultura e da vida contemporâneas. Desde Guyau e Nietzsche, que o problema estava posto: saber se, em face dos novos conhecimentos sobre a profunda relação que existe entre o obrar e o valorar psíquico--espirituais, as realidades culturais e as forças vitais orgânicas, a consciência e o espírito, devem considerar-se estímulos benéficos ou, pelo contrário, obstáculos para a vida e especialmente para a vida da alma. Foi dentro desta ordem de ideias que se tornou largamente conhecida a doutrina pessimista dum L. Klages sobre o espírito *como inimigo da alma*, e ainda a doutrina de M. Scheler sobre a essencial coordenação entre si das forças por ele chamadas «Drang» *(impulso)* e «Geist» *(espirito)*, aliás essencialmente diferentes e independentes do ser — visão metafísica que remonta a Schelling e E. Hartmann, embora este último aí apareça liberto do seu pessimismo.

IV — OS GRANDES PROBLEMAS
DA MODERNA ONTOLOGIA

Nos domínios até aqui referidos da investigação sobre a Realidade, assim como em outros, foi, portanto, partindo dos problemas da Metodologia e do Conhecimento, que voltaram a surgir os fundamentais problemas sobre o Ser ou ontológicos. A reflexão da Filosofia transcendental sobre o fundamento lógico das ciências e dos diversos grupos de ciências foi afinal o factor que impeliu o pensamento filosófico para as sondagens a fazer no próprio domínio do Ser e levou a considerar esse domínio como filosòficamente o mais importante de todos. Numa palavra: o fulcro das preocupações filosóficas deslocou-se das formas do pensamento e da intuição da consciência para as pró-

AS «REGIÕES» DA REALIDADE 81

prias categorias do Ser. Deslocou-se, assim, por exemplo, como já vimos: para as estruturas ônticas essenciais da vida orgânica; para as do composto-humano; para as formas de existência do espírito histórico; e ainda para a forma ou particular espécie de ser da própria consciência. Isto é: esse fulcro deslocou-se da Lógica transcendetal para a Ontologia.

Mas apressemo-nos a notar o seguinte. Esta nova Ciência do Ser difere *toto cœlo* das antigas Ontologias no quadro dos velhos sistemas metafísicos. Enquanto que estas tomavam como base e ponto de partida um tipo único e absoluto de ser, entronizado na esfera dum mundo de ideias supratemporal, a moderna Ontologia funda-se na experiência e no terreno daquilo que é conhecido. A sua base e o seu objecto imediatos acham-se no Ser *temporal* que a velha Metafísica pretendia reduzir quase exclusivamente à condição do puro fenómeno. Além disso, a moderna Ontologia não tem já a pretensão de construir uma teoria completa e definitiva do Ser, como antes se pretendia, com um carácter dedutivo ou dialéctico, mas, pelo contrário e mais simplesmente, a de alcançar uma progressiva determinação e exploração da Realidade, movendo-se sempre no quadro do empirismo natural e científico. A sua intenção fundamental consiste em salientar os contrastes existentes entre os diferentes domínios da Realidade e suas respectivas *categorias* naquilo que eles têm de específico e mais original, em oposição às antigas ambições que exigiam da Filosofia, antes de tudo mais, a edificação dum qualquer *monismo*, por mais simplista que este pudesse ser.

82 A FILOSOFIA NO SÉCULO XX

Esta tendência da moderna investigação filosófica, que assim não teme a multiplicidade nem a descontinuidade no arcabouço do Ser e do Real, é a mesma que combate os hábitos do chamado «naturalismo», no sentido duma doutrina que vê no Ser um campo objectivo homogéneo e se esforça constantemente por reduzir umas coisas às outras — o superior ao inferior, o mais elevado ao menos elevado, o mais complexo ao mais simples. Ela parte da profunda convicção àcerca da irredutível diversidade de essência entre as várias espécies de Ser que existem; diversidade essa que o pensamento do século xix reduzira ao mínimo (pouco mais ou menos à dualidade do psíquico e do físico, ou da consciência e da matéria). Afirma, de preferência, que é justamente essa diversidade que deve ser explorada e sondada em toda a sua profundidade e extensão, embora, fazendo isto, possamos correr o risco de tornar mais complicada a nossa ideia acerca do *todo* e mais problemática ainda qualquer solução construtiva do problema do mundo. As antigas disjuntivas da Metafísica clássica (como, por exemplo, as de Idealismo-Realismo, Materialismo- -Espiritualismo) passam, na sua incondicional rigidez, a um segundo plano. Em vez delas, afirma-se uma multiplicidade de camadas e planos que se vão descobrindo no domínio da experiência. Especialmente aquilo que mais é combatido na velha Ontologia, desde os antigos até Wolff, é — note-se enfim — a sua orientação fundamental, exclusivista, unilateral, e, para o estudo de certas camadas do Ser, absolutamente desgraçada (como para as da vida, da personalidade e da história), segundo a qual tudo era visto com referência ao *ser sensível* do nosso mundo exterior — orientação que se exprimia predominantemente nos conceitos de «coisa» e de «substância». De resto, o próprio carácter estático do conceito tradicional de *ser* (desde Parménides e Platão em diante) está do mesmo modo reclamando no nosso tempo profunda revisão, em harmonia com os caracteres essenciais e dinâmicos que hoje se revelam em todos os domínios da Realidade através da dimensão temporal.

AS «REGIÕES» DA REALIDADE   83

A Ontologia do nosso tempo nasceu, portanto, dentro da Filosofia, da consciência de um conjunto de tendências orientadas no sentido dos objectos e das coisas. Um momento importantíssimo desta transição é ainda o representado pelo aparecimento da *Teoria do objecto*, de A. MEINONG e seus discípulos, como PICHLER e outros. Em França O. HAMELIN com a sua análise das categorias, e em Inglaterra BRADDLEY, representam uma tentativa idêntica. Mas o impulso decisivo neste sentido foi indiscutivelmente o que lhe comunicou a *Fenomenologia* com a deslocação da análise dos actos para a dos seus objectos «intencionais». ED. HUSSERL foi quem, com efeito, reclamou e primeiro delineou, sem sair ainda do quadro do Idealismo transcendental, uma Ontologia como *ciência pura das essências*, na qual, fundamentalmente, a cada uma das «regiões» dos objectos e das situações objectivas devia corresponder uma «ciência eidética regional» própria. Assim se veio a construir por sobre as Ontologias «*materiais*» uma Ontologia «*formal*» na qual se trata de mostrar os fundamentos ônticos para as próprias leis da Lógica formal. Outros pensadores da corrente fenomenológica todavia desligaram-se posteriormente destes pressupostos duma consciência puramente ideia, como eram os desta primeira tentativa, e procuraram dar à sua Ontologia uma orientação *realista*. Foi o que se passou com M. SCHELER ao pretender focar principalmente as próprias *estruturas ônticas* e as *essências* como independentes da consciência. As novas tentativas da mais recente Ontologia dirigem-se, portanto, no sentido de uma elaboração do real para além da consciência, e de uma

84 A FILOSOFIA NO SÉCULO XX

determinação das diferenças deste em face da pura imanência, como, por exemplo, na *Teoria da realidade* de DRIESCH e na *Ontologia da realidade* de G. JACOBY. Fundado numa atitude fenomenologista, cujo particular valor reside justamente no decidido regresso às afirmações da existência e do ser, implícitos nos nossos modos de experiência e de vivência prè- e extracientíficos, veio depois HEIDEGGER retomar o problema ontológico, tomando como ponto de partida para as diversas Ontologias a análise *existencial* da vida humana. Só partindo desta base *(Ontologia fundamental)* é que se pode, segundo ele, não só esclarecer o «sentido» do ser, mas ainda desenvolver a «genealogia» das outras espécies de existência. Porém, contra esta tentativa, na medida em que ela se refere só a uma determinada espécie do existente (daquele existente «que porventura em cada caso nós mesmos constituímos») — e sem negar a ligação com o ponto de vista da consciência na decisiva transição da Filosofia transcendental para a Ontologia — veio tomar decididamente posição a Ontologia de N. HARTMANN. Esta, por sua vez, parte do domínio da nossa experiência integral do mundo, tal como ela nos é fornecida através das diferentes ciências. Deste modo, partindo dos mais diversos pontos de vista filosóficos (como: a metafísica do conhecimento, o problema da liberdade, o do ser espiritual), é que se vai desenvolvendo a nova problemática ontológica. A sua formulação inicia-se com os temas clássicos acerca do «existente em geral», do «ser como ele é» *(Sosein)* e do «ser duma maneira geral» *(Dasein)* — temas estes que se desprenderam agora das anteriores teorias especulativas para se

SA «REGIÕES» DA RAELIDADE

transformarem em temas não só da moderna compreensão da realidade como da moderna consciência científica [1].

Tema básico importante é igualmente aqui (ao lado da questão dos dados da realidade, já anteriormente renovada por M. SCHELER, o continuador de DILTHEY), o do *ser ideal* na sua, não só oposição ao ser real, mas também ligação com ele. A Ontologia da realidade visa aqui a alcançar, ao mesmo tempo que a mostração das categorias próprias e sua mutação nas diferentes espécies do real, a construção de certas estruturas (leis categoriais) que permitam conceber o mundo como um sistema de camadas ônticas com vários degraus autómonos e, não obstante essa autonomia, também realmente dependentes umas das outras e condicionadas em cada caso por aquilo que está não só por trás como por baixo delas. Assim se explica que o realismo dos nossos dias, todo fundado no estudo da realidade—especialmente no estudo das ciências—e na nova consciência do mundo do século xx (em vitoriosa progressão dentro de amplos sectores do pensamento filosófico europeu, inclusive na Inglaterra, em face dos sistemas idealistas tradicionais) se tenha enfim emancipado, nesta sua investigação do ser e das categorias, de todo o esquematismo do pensamento naturalista. E assim se verifica, por último, estar o caminho novamente livre para uma outra imagem ou cosmovisão filosófica da realidade, mas duma imagem que toma em consideração os significados originais da vida e da alma, do espírito e da história, como estes são, no seu respectivo ser real e experimentável, sem porém desconhecer a sua raiz e o seu condicionamento em outras camadas ônticas mais elementares e mais poderosas. O que se não admite já é a pretensão de interpretar a realidade de quaisquer dessas camadas em função de outras que se achem acima delas.

[1] *N. T.* A visão teorética, ou *teoria*, do conjunto de problemas da moderna Ontologia focados neste capítulo, sob a influência das ideias e dos principais pensadores aí referidos, sobretudo N. HARTMANN, foi, pela primeira vez, metodologicamente dada a conhecer entre nós por DELFIM SANTOS no pequeno livro *Da Filosofia* (1939) — primeira parte duma obra mais vasta sobre o homem e a metafísica, infelizmente interrompida.

CAPÍTULO III

O HOMEM E A HISTÓRIA

Entre as inquietações intelectuais do nosso tempo em busca duma nova Metafísica da Realidade, o ser e a existência do homem tornaram-se também um tema de predominante interesse filosófico. As primeiras origens deste interesse filosófico vêm já do século XIX: nomeadamente, no volta-face deste século, ao trocar ele a *Filosofia do Absoluto* e a da *Razão intemporal*, que até HEGEL caracterizaram a Metafísica, pela realidade finita e sensível da existência humana. Haja vista ao Antropologismo de FEUERBACH.

Porém, naquela época, toda a esta intenção filosófica ia afinal desembocar no *Naturalismo* e por aí se ficava. Este, o naturalismo, a outra consequência não conduzia senão precisamente à negação do homem, visto negar aquilo que de mais particular ele tinha: o seu lugar no mundo. Ora daí a dissolver a sua liberdade e responsabilidade num sistema mecanista de *causas* e *efeitos*, não ia senão um passo. E era exactamente nesta integração do homem dentro do todo duma Natureza que a tudo abrangia, tornada transparente só através das suas leis fundamentais, definidas pela «ciência» e susceptíveis de serem por nós indefi-

88 A FILOSOFIA NO SÉCULO XX

damente dominadas pela «técnica», que devia fundar-se, na opinião dessa época, a segurança da existência humana, a sua ordem social e o seu progresso histórico.

Contra esta atitude e ainda contra a abstracta e pálida ideia de *humanidade* das escolas idealistas, não tardou em erguer-se o homem do século xx. Este não tardou em procurar conquistar uma nova consciência da sua especial posição no mundo da realidade empírica, sobretudo depois que muitas das suas convicções religiosas e metafísicas tradicionais foram abaladas e depois que ele, por outro lado, se foi convencendo da absoluta insustentabilidade do esquema da sua anterior «concepção científica» do mundo.

Em face das numerosas ciências que se ocupam parcialmente do homem (ciências naturais e ciências do espírito, incluindo as disciplinas que se destacaram da Filosofia, como a Psicologia e a Sociologia) sentiu-se a necessidade duma *Antropologia filosófica*. Sentiu-se a necessidade duma análise filosófica fundamental do *Ser hominal* encarado na sua unidade e totalidade vivas; da sua especial posição no universo e ainda sobre o «sentido» da sua «existência», tal como este sentido se revela através da experiência da vida não só pessoal como histórica. No quadro das inquietações metafísicas da nossa época, pode dizer-se, esta nova problemática antropológica — erigida, não dentro dos moldes tradicionais duma Metafísica do Absoluto, da Razão, do Eterno, ou das Ideias, mas, pelo contrário, sobre a auto-experiência da existência humana temporal e finita — constituiu, em mais do que um sentido, o ponto de partida e o

O HOMEM E A HISTÓRIA 89

centro de todas as investigações nesta matéria. Seja
como for, do que não resta dúvida é de que esta problemática deixou assim atrás de si e conseguiu superar a antiga Psicologia racional ou metafísica com
a sua bem conhecida tendência para se fechar dentro
do conceito duma alma-substância imortal, que no
sistema das antigas metafísicas constituía, como se
sabe, as mais das vezes, o único tema psicológico acerca
do homem.

Além disso, sabido é ainda que com os profundos abalos, as crises, e as novas formações sociais
da época presente, bem como com o considerável
enriquecimento dos nossos conhecimentos sociológicos,
a problemática filosófica àcerca da essência da vida
humana social e das «relações ônticas» e de «sentido»
entre indivíduo e comunidade, atingiu igualmente uma
nova e extraordinária acuidade. O mundo histórico-
-social converteu-se de simples amontoado de dados
experimentais, recolhidos nas diferentes ciências do
espírito quase a perder de vista, no tema predominante da teoria filosófica da Realidade. E o que é
mais: inclusivamente, a própria consciência histórica do
homem europeu, que hoje se reflecte nos mínimos
movimentos da sua vida diária e prática, conjuntamente
com a actual experiência dos mais violentos abalos de
terra produzidos na vida dos povos, levaram a uma nova
atitude filosófica em face do problema da *historicidade* do homem. Isto equivale a dizer que nos nossos
dias se está desenvolvendo também uma nova *Filosofia da História* cujo fito é não só a determinação dos
caracteres ônticos essenciais, peculiares destas *regiões*
da Realidade, para além da vida e da consciência do

90 A FILOSOFIA NO SÉCULO XX

indivíduo, mas ainda uma auto-orientação existencial do mesmo homem, ao sentir-se este ao mesmo tempo preso do seu presente histórico e todavia responsável por ele.

I – A NOVA FILOSOFIA DO HOMEM

A nova Filosofia do homem procura, antes de tudo, construir as estruturas fundamentais do *Ser hominal*, extraindo-as, por assim dizer, da unidade e da totalidade concretas do seu ser. Para isso toma nas mãos este ser, como ele lhe é dado na experiência de todos os tempos, tal como esse «dado» se lhe oferece na consciência, já espontânea, já reflexa, antes de encarar os seus aspectos parciais, produto da abstracção, de que se ocupam e sobre que trabalham as diferentes ciências particulares do homem. Partindo desta auto-experiência efectuada sobre a vida, a visionação em conjunto das diversas perspectivas científicas sobre o homem (da biológica e fisiológica, da médica, da psicológica, da etnológica, da sociológica, da histórica ou da própria das diferentes ciências do espírito, etc.) e dos consideráveis resultados obtidos dentro de cada uma delas durante as últimas gerações, acabou por dar origem a um grave problema. O primeiro ponto de partida neste sentido pode ver-se naquela opinião dominante já no século XX, segundo a qual o homem, embora nada mais seja senão um ser da natureza, é um ser destinado a destacar-se pouco a pouco, num constante devir, do restante mundo dos seres vivos. A sua existência permanece, porém, profundamente enraizada com todas as suas forças e energias, inclusive

O HOMEM E A HISTÓRIA 91

as da alma e do espírito, na natureza, e especialmente no sistema biopsíquico. Nestes termos, o problema que se punha, era este: fixar sobre esta base a particular e específica estrutura existencial do homem, as diferenças essenciais que o separam dos outros animais, e a sua especial posição no universo, e isto em oposição àquela antropologia naturalista muito espalhada na Filosofia popular dos fins do século xix e ainda hoje representada pela chamada Bioetnologia. Hoje, porém, não é já um homem simplesmente colocado acima ou fora da natureza (como «alma» ou «espírito», como «res cogitans» ou como «eu», como «ente de razão» ou um ser dotado de consciência, ou ainda, segundo a forte expressão de FEUERBACH, como um ser do reino das «almas do outro mundo»),—não é um homem assim, repetimos, que se acha em causa; nem tão pouco o homem puro ser da natureza, como no evolucionismo darwinista ou no monismo. O que se acha em causa é a maneira ou forma-de-ser particularíssimas deste homem, dum homem que, se está na natureza, contudo não deixa de se contrapor a ela; mais: dum homem que em muitos dos seus traços essenciais é superior à natureza. E a este respeito pode dizer-se que o mais enérgico impulso dado a esta orientação foi o que lhe foi dado por M. SCHELER.

O tema programaticamente aqui posto e até agora apenas parcialmente desenvolvido (H. PLESSNER, BUYTENDIJK e outros) visa a construir uma série de graus dentro da escola dos seres no domínio da vida orgânica (planta, animal, factores fundamentais da vida animal em escala graduada). Estes diferentes graus condicionam a estrutura em conjunto do ser humano e acham-se reunidos no homem, constituindo ao

92 A FILOSOFIA NO SÉCULO XX

mesmo tempo a base e o complicado andaime em que é levantado o seu original tipo de ser, causa do lugar único que ele ocupa no universo. Esta postura do problema afasta-se, porém, cautelosamente, de qualquer construção teleológico-metafísica, à maneira da Filosofia naturalista de carácter idealista romântico — como as de SCHELLING, de CARO ou de E. HARTMANN, com os seus conceitos peculiares de «inteligência inconsciente» ou de vontade da vida no infra-humano, de *Odisseia* do espírito, etc. Tal afastamento mantém-se ainda mesmo naqueles pontos em que, inclusivamente, se deixam topar em certos degraus da vida orgânica inferior como que certas formas precursoras de algumas propriedades do espírito humano; assim, por exemplo, no que respeita à conduta dos animais, à sua faculdade de «escolha» que deve distinguir-se rigorosamente da «liberdade» do homem, ou ainda, no que respeita à chamada »inteligência prática», que à primeira vista parece existir também nos animais superiores e continuar-se no homem, quando considerado como simples *homo faber*.

É nas seguintes qualidades que hoje se pretende ver o que há de específico no homem: *primeiramente*, na capacidade da sua consciência e da sua conduta (inteiramente distintas da inteligência prática e da identificação desta com a existência) para se deixarem determinar pela maneira de ser particular das coisas em cada caso concreto, indo inclusivamente até à possibilidade teórica de abstrair por completo delas, das coisas, por meio da «ideação»; *em segundo lugar*, naquilo a que podia chamar-se a «receptibilidade universal» do homem *(Weltoffenheit)*, na sua capacidade de possuir o mundo — isto é, de se contrapor a ele como o sujeito ao objecto — em oposição ao que se passa com o animal o qual não consegue distinguir-se do mundo que o rodeia; e ainda, *em terceiro lugar*, na sua capacidade de ascetismo, na sua actividade voluntária positiva e negativa, que lhe dá a possibilidade de reprimir ou sublimar pelo espírito os seus impulsos vitais, embora esse espírito, por seu lado, seja também forçado a contar com esses mesmos impulsos para toda a realização plena e criadora da vida. Mas onde a característica posição do homem dentro do *cosmos*, ou o «reino hominal»,

O HOMEM E A HISTÓRIA

atinge, por último, a sua mais vincada expressão é, sem dúvida, no carácter metafísico da sua própria consciência da vida, na visão referencial desta consciência ao plano do absoluto, quaisquer que sejam as convicções, crenças, verdades ou seus sucedâneos, que possam aqui preencher esta exigência. Foi dentro do quadro duma *Antropologia* assim entendida que se tornou possível alcançar uma exacta noção de todas as forças vitais, primitivas e profundas, que se ocultam na essência da vida humana, conforme prentedera NIETZSCHE ao reivindicar o significado do corpo e das forças vitais de natureza fisiológica para explicar as atitudes e as criações espirituais do homem. Nem o Naturalismo darwinista nem a Filosofia idealista da consciência a tinham conseguido alcançar. Desta maneira se conquistou, pois, um novo terreno para se poder fazer uma exploração mais profunda das tendências do Pragmatismo naturalista e utilitário, conducente à relatividade de todo o espiritual; bem como desta maneira conseguiu também M. SCHELER colocar o problema da percepção dentro dum quadro de ideias semelhante na sua *Teoria dinâmico-natural* da percepção. De resto, deve acrescentar-se que também a doutrina de BERGSON sobre a consciência e o conhecimento, fundada numa Filosofia da natureza (com os seus: instinto inteligência, intuição, memória e consciência, actividade vital e percepção), e mais especialmente a de M. PALÁGYI sobre a percepção, tão rica de consequências, nos dão igualmente novas possibilidades para se poderem compreender a consciência, o conhecimento, a experiência e a penetração do mundo pelo homem, como saindo, todos, das tendências e das forças mais gerais da vida.

Se nestas atitudes filosófico-naturalistas e pragmatistas o velho voluntarismo — da espécie do de FICHTE, de SCHELLING, de SCHOPENHAUER especialmente, e ainda do de MAINE DE BIRAN (cujas ramificações, de resto, se protraem através de todo o século XIX até à «Filosofia da vida» de NIETZSCHE, de DILTHEY e de BERSGON e até à nova Psicologia) — pode enfim achar novas manifestações e concretizações, dir-se-á que foi também nelas que as novas compreensão e explicação do homem, que na Filosofia contemporânea por toda a parte se difundem (tendentes a compreendê-lo e explicá-lo pelo vital-emocional em vez do racional e da consciência encontraram igualmente as suas mais fundas raízes. Nietzsche e depois dele Dilthey foram também aqui os grandes precursores e inspiradores do pensamento contemporâneo. Foram eles, com efeito, quem, partindo aliás de experiências e intenções extremamente diversas, puseram à sua época o problema que consiste em explicar a vida e a actividade humana, desde a esfera vital até à espiritual, pela compenetração e oposição entre si de inúmeros impulsos e das mais variadas exigências da vida; ou seja, numa palavra, pelas paixões, volições e tendências de sentimento que se acham na essência do próprio homem. As investigações da mais recente Psicologia médica (Freud, Jung, Kretzschmer, P. Schilder) conseguiram também fornecer um importante material para esta concepção vital-psicológica do homem que hoje se acha principalmente representada por Klages. Dentro deste quadro desempenha ainda um importante papel a nova ligação que se procura estabelecer entre as tendências conscientes e subconscientes da vida, por um lado, e os actos da consciência pelo outro.

Esta nova imagem do homem, como se depreende das considerações até aqui feitas, acha-se pois num profundo contraste com a daquela poderosa e antiga tradição, que vem desde Platão até Kant, segundo a qual a essência do homem devia ver-se apenas na alma ou na consciência pensante, na razão ou na consciência reflexa, ao passo que as paixões e os afectos, as inclinações e os impulsos não representavam, ao lado daquelas, mais do que um seu complemento secundário e possivelmente assaz incomodativo. Ora é, pelo contrário, nas forças por assim dizer anónimas do instinto e dos impulsos profundos da vida que hoje se procura encontrar o verdadeiro terreno e o *humus* da vida humana, das suas vivências e das suas originais criações, tanto no que respeita à vida do indivíduo como dos povos.

O HOMEM E A HISTÓRIA

II — A UNIDADE DO COMPOSTO-HUMANO

Um dos traços mais característicos da nova Antropologia como ela tende a constituir-se, está na tendência para considerar o homem como uma *unidade de corpo e alma*, podendo talvez dizer-se que nunca a multiplicidade contida dentro desse todo do ser humano foi tão profundamente descortinada como hoje. O velho *dualismo* de origem platónica e cartesiana passou à história. As teorias tradicionais dos tempos modernos, que sustentavam o paralelismo ou a doutrina da acção e reacção psicofísicas recíprocas do corpo e da alma — talvez último eco das discussões e problemáticas metafísicas no final antimetafísico do século xix — mostraram-se, com efeito, absolutamente insuficientes em face dos novos problemas postos. O novo século conseguiu alcançar neste ponto uma visão extraordinariamente mais profunda e ampla sobre as recíprocas dependência e ligação entre os diferentes lados e camadas da vida humana, contrapondo-se deste modo à tendência unilateral que acentuava exclusivamente as influências do físico e fisiológico sobre o psíquico-espiritual, que o Naturalismo jogava triunfante contra a velha teoria da alma. Foi especialmente a Medicina com a sua teoria das doenças psicogenéticas que demonstrou quão profunda é a influência do psíquico sobre o corpo. De modo que, pode dizer-se, a tendência é hoje no sentido, não de pretender explicar o psíquico pelo fisiológico (nem, vice-versa, o fisiológico pelo psíquico), mas, pelo contrário, no sentido de os encarar a ambos primaria-

96 A FILOSOFIA NO SÉCULO XX

mente; isto é, como formando uma *absoluta unidade* e *totalidade vital* psicofísica em todas as suas funções e modificações e até nos seus conflitos íntimos e nas suas contradições, tal como esse composto nos é dado à análise científica no terreno empírico das diversas ciências. E também aqui — deve acrescentar-se — não foram pequenas as novas perspectivas metafísicas que de repente se abriram aos nossos olhos, bem diferentes das antigas, ao tomar-se como ponto de partida a contemplação de tudo o que neste terreno nos é dado imediatamente na experiência.

Citemos neste lugar apenas três das tendências que tomam hoje esta direcção e assim inauguraram esta nova maneira de compreender a unidade do composto-humano.

A *primeira* é a Teoria médica da *«Constituição»*. Continuando certas correntes francesas do final do século xix, esforça-se ela por definir um certo número de tipos de personalidade psicofísica, cujos caracteres essenciais são tirados tanto do psíquico como do físico, tanto do carácter moral como da construção física do indivíduo, remontando até à unidade vital no seu conjunto a respeito de cada um desses tipos (F. Kraus e Kretschmer). Esta nova problemática teve a sua continuação no terreno da Psicologia (E. Jaensch) e também na nova *Caracterologia* de orientação médica. Pode dizer-se que os novos pontos de vista sobre a biologia e a patologia da pessoa que dentro desta corrente se alcançaram, são aqui da máxima importância para a concepção filosófica do homem.

A *segunda* é uma teoria puramente filosófica. Assim como por meio dos estudos atrás referidos se evidenciou, entre outras coisas, a extraordinária importância do elemento corpóreo e da sua específica vitalidade para a apreensão da estrutura total da personalidade, assim também um novo e idêntico interesse pelo corpo, que já Schopenhauer tinha reivindicado na sua luta contra o espiritualismo e o idealismo, nasceu dentro

O HOMEM E A HISTÓRIA 97

da Filosofia, provocado sobretudo por Nietzsche. Foi principalmente dentro do quadro das investigações fenomenológicas que a distinção entre o «corpo» e os dados especificamente corpóreos *(leiblich)*, por um lado, e toda a restante experiência dos outros corpos do mundo externo, pelo outro, foi inteiramente refundida e de novo elaborada. Desta forma, abriu-se assim um novo domínio de fenómenos, em face do qual os antigos dualismos — inclusive a dualidade simplesmente gnoseológica (Locke e Kant) de *percepção interna* e *externa* (referida no primeiro caso ao psíquico, no segundo ao físico) — se nos deparam absolutamente insuficientes. De resto, também do lado da Psicologia médica (P. Schilder, *Körperschema)* se começaram a fazer a este respeito novas investigações. Assim, foi posta a descoberto no homem toda uma camada de ser na qual o somático e o psíquico se apresentam como constituindo uma incindível unidade.

Finalmente, uma terceira corrente ou tendência destas investigações é a que se ocupa dos fenómenos de expressão do psíquico e do psíquico-espiritual através da forma corpórea e suas manifestações. Um importante passo de extraordinário alcance neste sentido está, com efeito, no interesse cada vez maior por estes fenómenos. Por virtude dele os estudos fisionómicos e a grafologia foram tirados do plano secundário em que se conservaram e transportados para o centro dos problemas relativos à ciência do homem e da vida. Nasce assim uma *ciência geral da expressão* como doutrina de todas as manifestações visíveis e activas do homem: no seu andar, nos seus gestos e na sua linguagem. As antigas teorias sobre o movimento da expressão , de Darwin e Wundt, revelam-se neste ponto inteiramente deficientes e, pelo contrário, novas tentativas se realizam neste domínio cuja inciativa pertence principalmente a L. Klages que nele soube conquistar para si não pequenos louros. Para a compreensão da unidade do composto-humano são, porém, neste caso, antes de mais nada, importantes: em primeiro lugar, o conceito de *imediatidade (Unmittelbarkeit)* na relação entre o sujeito que se exprime e a expressão, relação esta que nenhum conceito de causalidade pode explicar; em segundo lugar, o pensamento

98 A FILOSOFIA NO SÉCULO XX

predominante de que à essência do psíquico pertence aqui não só a manifestação material e perceptível da expressão falada como, inclusivamente, a própria voz e a pronúncia da fala. E note-se, por último, que não faltam ainda neste capítulo considerações de ordem filosófica para tentar encarar a expressão como um fenómeno não acidental mas primordial da vida.

III — A LIBERDADE E A PERSONALIDADE HUMANAS

A renovação do tema «homem» estende-se, inclusivamente, ao estudo das antigas características essenciais, ou tidas como tais, do ser humano, como são a liberdade e a personalidade. Não devemos esquecer que essa renovação já só por si nos revela o absurdo da opinião positivista, para a qual a realidade era apenas uma realidade que se dividia entre as ciências positivas, nada mais ficando à Filosofia além dos tremos de reflexão da Lógica e da Metodologia.

Como é sabido, a maneira de pensar naturalista do século XIX, que tão profundamente penetrou todos os domínios da vida, inclusivamente os do direito e da jurisprudência, procurava compreender e explicar o homem considerando-o unicamente como um ponto de cruzamento de numerosas leis gerais e séries causais, para as quais as novas e constantes descobertas da sociologia, da biologia, da psicologia e da história incessantemente forneciam abundante e inesgotável material. Consequência disto foi que a actividade do indivíduo humano, a sua liberdade e responsabilidade, bem como a íntima espontaneidade do seu ser pessoal, se foram perdendo

O HOMEM E A HISTÓRIA 99

de vista cada vez mais. Tanto a Psicologia como a Sociologia, como a própria História — conforme aliás parecia naturalíssimo para uma contemplação puramente «científica» da realidade — partiam, essencialmente, de certos pressupostos fundamentais do determinismo; e não só, como as mais das vezes acontecia, de certos pressupostos científico-naturais, como até de certos pressupostos de natureza dialéctica. Ora é preciso notar que também aqui, a esta visão das coisas, outrora geralmente recebida como penhor de tranquilidade para a nossa existência, toda encaixada dentro de certas fatalidades, a nossa época opõe hoje um novo sentido da liberdade e da capacidade de decisão do homem, não só no que toca à sua missão individual de se realizar a si mesmo, de se *autorealizar* (com todos os seus restantes factores de determinação), mas no que toca às suas possibilidades de futuro e de espontaneidade no intervir no jogo de todas as restantes forças do universo.

Quanto, especialmente, ao problema metafísico da Liberdade da vontade humana — que no final do século XIX e nos princípios do actual tinha, como se sabe, caído totalmente em descrédito como «incientífico» em numerosos sectores do pensamento, como por exemplo dentro de Neopositivismo (ainda hoje existente) — também agora novos caminhos foram rasgados. Isto para não falar já na atitude da corrente oposta em face desta questão, como era a do Idealismo transcendental. Este admitia, segundo é sabido, como ponto de partida, a liberdade e a espontaneidade do espírito, mas considerava estas unicamente como características essenciais de uma «consciência» que vive

100 A FILOSOFIA NO SÉCULO XX

já sujeita a normas e que condiciona, ela, mediante as suas leis, toda a experiência da realidade tornada seu objecto. Porém, não é dentro destes quadros duma tal sistematização — como a do Idealismo alemão e suas ramificações até ao *Neohegelianismo* do nosso tempo, ou ainda a do espiritualismo francês — que hoje o problema se acha de novo posto. O quadro dentro do qual hoje o problema está posto, é precisamente também o da experiência, o quadro empírico da vida humana e do especial lugar que esta ocupa no seio da realidade, tal como esta realidade nos é fornecida nas nossas próprias vivências e através dos dados das ciências. Aquilo que hoje se procura obter é justamente a caracterização duma liberdade do homem real e concreto, do indivíduo, em harmonia com a sua vida temporal, mas em perfeito contraste com a tendência anterior (aliás ainda não desaparecida) de se ir buscar essa liberdade ao supratemporal. Com efeito, segundo esta última tendência, era no supraempírico e no supratemporal (no plano do inteligível, no espírito, na consciência em abstracto, ou ainda na «ideia-força» duma liberdade como pressuposto necessário para a nossa acção) que se procurava encontrar o fundamento da liberdade humana. A realidade psicológica e social, porém, essa era abandonada, como a da Natureza, ao despotismo do princípio da causalidade. Hoje — devemos repeti-lo — é numa outra direcção que se procura a solução do problema. Procura-se superar a antinomia: *determinismo-indeterminismo;* procura-se apreender a liberdade humana precisamente dentro do conjunto de todos os fatalismos e condicionalismos necessários que tiranizam a existência da Natureza e da História;

O HOMEM E A HISTÓRIA

procura-se, enfim, compreendê-la, não como contingência e indeterminação, mas no seu carácter de factor determinante do universo e no seu poder positivo de transformar, ela própria, a realidade.

Para a história desta nova postura do problema da liberdade são particularmente importantes, por um lado, a doutrina de BOUTROUX sobre a *«contigência das leis naturais»*, verdadeira projecção das tradições do espiritual·smo francês, e por outro, BERGSON. BOUTROUX parte duma contemplação integral de toda a realidade nos seus diferentes degraus (no que pode ser considerado um precurssor da *Ontologia regional* dos nossos dias) e do papel que desempenha dentro daquela a causalidade. BERGSON avança seguindo um outro caminho. Em luta contra o mecaniscismo dogmático da Psicologia tradicional, procura caracterizar dum modo positivo o *acto livre* como uma actividade de concentração da pessoa no seu todo, desde as suas camadas existenciais mais profundas, cuja possibilidade nos é dada precisamente pela essencial temporalidade da vida psíquica; não afirma de modo algum que o acto livre seja um facto vital de fácil e frequente produção, mas, pelo contrário, duma produção rara e sempre importando consigo uma irrupção violenta dentro do mecanismo do hábito.

Enquanto que, porém, esta última doutrina sobre a liberdade parte da natureza inventiva e criadora do homem nas suas possibilidades de transformação, a nova análise do problema da liberdade, de N. HARTMANN, parte da Ética e da consciência — duma. *consciência da responsabilidade* que postula a liberdade como base da primeira, constituindo desta maneira o fundamento duma verdadeira Metafísica da vida moral. Principia por uma serieção de problemas à maneira da Filosofia da KANT (Antinomias, Liberdade no entendimento positivo, Liberdade sob a lei) e desenvolve-os depois sobre uma base nova, qual é a da já mencionada *Ontologia regional* da realidade e da *ética material* ou de *valores materiais*. Na transição da antinomia causal kantiana para a nova antinomia dos deveres (*Sollensantinomie*), fazendo frente contra a disso-

102   A FILOSOFIA NO SÉCULO XX

lução da liberdade no supra-pessoal (conceito de liberdade do Idealismo e das doutrinas teológicas e religiosas da evolução), HARTMANN como que identifica a essência do homem com a possibilidade ontológica duma liberdade pessoal, indo buscar às profundidades irracionais deste último a solução deste primordial e velho problema metafísico.

Em estreita e íntima ligação com estas ideias acha-se também o problema do conceito da *personalidade* no seu aspecto filosófico. Pode dizer-se que este problema tinha sido novamente formulado, desde que KANT contrapôs no sistema da sua Filosofia prática a essência da pessoa humana a todas as outras «coisas». É certo que posteriormente, no Idealismo alemão e suas ramificações europeias, este conceito fora um tanto relegado para um segundo plano, em proveito de outras ideias, como as de Razão e Eu, Espírito e Ideia, Consciência e Humanidade. Só o Idealismo posterior — WEISSE e FICHTE e os seus continuadores, como TEICHMÜLLER; em França, mais tarde, RENOUVIER e poucos outros; HAMELIN, já no século xx; e em Inglaterra as correntes monadologistas contra o *Idealismo do espírito* (como Mc. TAGGERT, WILDON CARR e mais recentemente J. E. TURNER) — é que pôde retomar e desenvolver este tema dentro dum quadro filosófico completo, embora as mais das vezes em estreita ligação com determinadas concepções do mundo e ao serviço destas. Mas não deve esquecer-se que, por um lado, a própria Filosofia trancendental, quanto ao problema da consciência, era só com a ideia moral da pessoa *(personalidade)* que mais frequentemente e quase exclusivamente se

O HOMEM E A HISTÓRIA

103

preocupava;enquanto que, por outro lado, a Psico-empírica, ocupando-se do homem em si e da sua constituição íntima, se alguma coisa fazia, era, como se sabe, trabalhar só na destruição da ideia da pessoa, com a sua tendência para decompor não só a «alma», mas até o «eu», em elementos e processos psíquicos elementares. Ora contra tais tendências é que precisamente se produziu um novo movimento no sentido de voltar a pôr com mais rigor o problema da personalidade, sendo principalmente da *Teoria psicológico-fenomenológica dos actos* (BRENTANO) que partiu esse movimento. Com ele coincidem, porém — deve acrescentar-se — numerosos outros momentos de interesse filosófico. Estes podem ver-se nas ideias de «individualidade», do «ser pessoal», da «personalidade», — problemas do mesmo modo sugeridos e levantados não só pelas ideias de NIETZSCHE sobre o homem e a cultura, como por DILTHEY e ainda por toda a problemática das Ciências do espírito.

No terreno da *Fenomenologia dos actos*, foi M. SCHELER quem, dentro da sua Ética, novamente caracterizou o ser da pessoa como um *«centro espiritual de actos»*, contrapondo-o em, princípio, a todo o psíquico como objecto possível de experiência, inclusive ao *eu* da percepção interna. Deste modo a pessoa, este ser autónomo que permanece sempre idêntico a si mesmo e tem nos seus actos a *melhor* experiência dele próprio, apresenta-se-nos como algo de diferente duma simples *alma animante*, da qualidade do eu, da consciência do próprio eu (os quais aliás também aparecem em certas fases da evolução do homem, sem neles existir ainda a verdadeira personalidade) e, pelo contrário, como sendo ela a verdadeira e própria essência do homem, ou seja, a verdadeira forma particular de existência do Espírito no

104 A FILOSOFIA NO SÉCULO XX

seio da realidade concreta. Como *acto*, a pessoa deve ser pensada como essencialmente insusceptível de ser *objecto*. Só no momento da execução, durante e depois dela, é que o acto e com ele o *ser pessoal* se deixam apreender. Uma Ontologia de «coisas», ou *coisificadora*, orientada no sentido de captar o objecto, falharia aqui por completo. Nesta doutrina, a propósito deste tema da pessoa, pode dizer-se que M. Scheler não fez mais do que desenvolver as «intenções» da doutrina de Fichte sobre a «acção activa» *(Tathandlung)*, que hoje revive especialmente na *Filosofia do Espírito* de Gentile. Porém, aquilo a que chamamos «individualidade» pertence à própria essência da pessoa. Quer dizer: não é por virtude de receber certos conteúdos determinados da experiência (ou sequer por virtude apenas de certas particularidades sensiveis-corpóreas, como se pensava no século xviii) que o homem em cada caso concreto se torna pessoa. As pessoas são no seu ser primordial, no seu valor, na sua existência e na missão da sua vida *indivíduos absolutos*. E nesta radical individualidade da pessoa é que se produz também a sua essencial transcendência; isto é, é aqui que também nos é dada a sua transinteligibilidade — a transinteligibilidade de cada pessoa em toda a profundidade da sua vida (o íntimo da pessoa) com relação a todas as outras. Deve todavia observar-se que, ao passo que nas ideias deste autor se revela ainda um certo espiritualismo especulativo, que aliás mais tarde desapareceu, outras teorias da pessoa, como as de Spranger e Jaspers, por exemplo, procuram fundar-se directamente sobre a experiência integral do ser humano. A teoria do primeiro provém do terreno das Ciências do espírito e da Pedagogia; a do segundo, da Psiquiatria. De resto, importante contribuição para a solução destes problemas é também a fornecida pelas novas investigações da *Caracterologia* sobre a estrutura e as espécies do ser pessoal. Pode dizer-se que o grande problema em conjunto se acha posto desde Nietzsche: o problema que afinal consiste em apreender a pessoa humana na sua unidade essencial (especialmente na unidade do seu desenvolvimento), na sua espontaneidade directiva, e ao mesmo tempo ainda na sua multiplicidade de camadas ônticas e até na oposição e conflito entre si dos múltiplos *eus* (outras

O HOMEM E A HISTÓRIA 105

personalidades) nela contidos com relactiva independência uns dos outros e todavia influindo-se reciprocamente. Um esboço desta teoria, sustentando a multiplicidade de camdas ônticas na pessoa humana (corpo-alma, alma e espírito, com suas leis estruturais radicalmente diversas), é também a que construiu em Espanha ORTEGA Y GASSET.

IV — O PROBLEMA DO SENTIDO DA EXISTÊNCIA HUMANA

Uma outra via de acesso que igualmente se nos depara para nos elevarmos à moderna *Antropologia filosófica*, é a marcada pelo problema do «sentido» da existência humana. Com efeito, «ser» e «sentido», realidade e valor, existência e determinação finalista dessa existência, são coisas que no ser humano, ao contrário do que se passa em outros domínios do ser, não podem já pura e simplesmente ser separadas umas das outras. Nunca como neste século o homem se tornou tão pungentemente um problema para ele próprio. E este problema atingiu para a nossa época uma tal acuidade, uma tal extensão, que época alguma anterior neste ponto se lhe pode comparar, criando-se assim à Filosofia uma situação inteiramente nova pela série infinita de questões que neste campo lhe foram postas. A consciência que temos do mundo e da existência acha-se, na verdade, sujeita, hoje, a uma radical transformação. Tudo na antiga e doce tranquilidade da vida, nos fundamentos lógicos e no fundo racional das grandes tradições da cultura ocidental (tanto das derivadas do mundo antigo como das derivadas do mundo cristão) se acha profundamente em crise. Inclusivamente, em certos domínios que

106   A FILOSOFIA NO SÉCULO XX

até hoje nos pareciam mais fortemente assentes sobre rocha, como no das crenças e concepções religiosas, teológicas e metafísicas, e nos conquistados pela ciência moderna, nota-se um sentimento de mal-estar, como o de alguém que perdeu a pátria e todas as seculares raízes que a ela, o prendiam. Não só a existência do homem individual como as próprias realidades sociais, históricas e culturais (o homem social) se acham ao presente radicalmente colocadas perante a magna questão do seu «sentido», do seu valor ou desvalor fundamentais. Tornou-se indiscutível que a harmonia optimista e a claridade das coisas reais, próprias de quase todos os sistemas tradicionais da Metafísica (não só dos idealistas como dos sistemas e doutrinas progressistas históricos que encheram o século xix com todas as suas bem definidas finalidades, se tornaram estranhas à mentalidade da nossa época e passaram a ser consideradas por ela como mera poetização e mera secularização de velhas crenças caídas em suspeição. E o mesmo, por outro lado, é o que, com não menos verdade, pode também dizer-ser do dogma oposto, do pessimismo, das doutrinas filosóficas da redenção e das tendências niilistas do século xix moribundo. Numa palavra: tudo se tornou, na herança por nós recebida desse e dos outros séculos, objecto de dúvida, de crítica e de sistemática desconfiança: não só as cosmologias teológicas e metafísicas (compreendendo a natureza e a história, o homem e a sociedade), como inclusivamente as tábuas de valores e dos fins postos à vida humana que as acompanhavam.

A tendência que hoje neste capítulo igualmente se desenha é a seguinte: abrir também pelo pensa-

O HOMEM E A HISTÓRIA 107

mento novos caminhos, mediante experiência directa,
à compreensão do homem por ele próprio, que lhe
permitam uma nova interpretação do sentido e dos
fins da sua vida; e isto com inteira libertação
das antigas tradições e convicções críticas, embora
conservando sempre os olhos postos, retrospectiva-
mente, nas grandes concepções históricas do passado
acerca da existência humana mas encarando-as apenas
como formas *típicas*. Com efeito, é precisamente
através daquele mais profundo saber que hoje pos-
suímos acerca do que há de finito e de contigente na
nossa vida, do que há de fragmentário e frágil em todas
as nossas formas de existir e das nossas criações de
qualquer espécie, das incertezas e perigos abismais
que em todos os campos ameaçam o homem, tal como
ele a si mesmo se vê e se conhece na sua experiência
da vida e da história, é através desse mais profundo
saber — repetimos — que hoje se estão abrindo à
meditação filosófica as mais vastas e longínquas perspectivas. Estas mostram-lhe não só a necessidade
que ele tem de dar uma nova conformação à sua vida
e acção, tanto no aspecto pessoal como histórico, mas
também todas as possibilidades ainda não realizadas
deste ser que, se tem os pés na terra, não consegue deixar
de se sentir responsável por essa mesma conformação que é chamado a dar à sua existência e à do mundo.
Uma nova *mística* do futuro — mas liberta de utopias
e da crença num *progresso indefinido* marcado previamente à sua vida; crença, sim, mas na eterna imperfei-
ção e no nunca acabado do ser humano; uma vontade
enérgica até ao heroísmo de afirmar a vida e a existência, tais como estas se lhe oferecem ao longo duma

108 A FILOSOFIA NO SÉCULO XX

estrada rodeada de abismos sem remissão; um anseio apaixonado por descobrir a genuína realidade da vida e por poder fixar a verdadeira posição do homem no mundo e perante ele próprio tanto no domínio do «racional» como no do «irracional», do trágico como do absurdo, do conpreensível como do incompreensível — eis aí os impulsos e coeficientes que estão concorrendo para reclamar imperiosamente uma nova Filosofia do homem. É precisamente aí, no polo oposto de todas as doutrinas de «bom-senso» e feliz tranquilidade que na época positivo-transcendentalista, em nome do rigor científico, repudiavam as problemáticas da Metafísica e as últimas interrogações sobre a existência, que esta nova Filosofia ou este novo filosofar se levantam. Estes partem, exactamente, daqueles factos e aspectos fundamentais da vida humana onde aliás acham a sua origem todos os seus conflitos e complicações, todos os seus riscos e incertezas, todas as suas preocupações, culpas e cuidados, e bem assim todos os estados contrários destes que caracterizam a sua específica realidade.

Os grandes precursores desta orientação *existencialista* são ainda do século xix. Os nomes que devem citar-se são: o do dinamarquês S. Kierkegaard — cuja influência filosófica só se começou a fazer sentir no tempo da primeira guerra mundial, mas que a partir de então se tornou cada vez mais profunda — e, na Alemanha, sobretudo o de F. Nietzsche. Também este, como é sabido, só depois do final do século é que começou a ser verdadeiramente compreendido e apreciado na genuína intenção do seu pensamento e no sério das suas profecias. Porém, as mais consideráveis

O HOMEM E A HISTÓRIA 109

tentativas feitas até hoje, no sentido de buscar a solução de tais problemas, são as que encontramos na chamada *Filosofia existencial*, representada especialmente, por um lado, por M. HEIDEGGER e, por outro, por K. JASPERS. Em França representam tendências análogas os contemporâneos G. MARGEL e CH. DU BOS (¹).

A *Filosofia existencialista* parte, como outrora partia KANT, do homem finito e sensível, único acessível à consciência imediata que temos de nós mesmos. Parte, porém, não deste homem no exclusivo aspecto da sua «razão» finita ou no da sua consciência reflexa, mas sim, mais larga e profundamente, deste homem considerado no *todo vital* da sua existência humana, do *homem total*, tal como ele se exprime em todas as formas da sua compreensão do mundo e dele próprio. Metodologicamente, esta Filosofia

---

(¹) *N. T.* Aos nomes destes representantes da corrente existencialista devem acrescentar-se, pelo menos, ainda, os seguintes: — para a França, SARTRE, MERLEAU-PONTY e CAMUS; para a Itália, N. ABBAGNANO; para a Espanha, UNAMUNO e ORTEGA, ambos estes muito próximos e em muitos aspectos até precursores do existencialismo contemporâneo. Entre nós, afora LEONARDO COIMBRA que também em certos aspectos podemos considerar precursor, só homens de letras — principalmente poetas, como PASCOAIS, PESSOA e SÁ CARNEIRO — têm sofrido a influência da mesma atitude de pensamento, igualmente ainda antes de ela ter cristalizado em filosofia consciente. Mais do que em nenhum outro país, entre nós o existencialismo não tem passado até hoje de literatura ou moda filosófico-literária. Pode aplicar-se-lhe o dito de MIN. FELIX: *Non magna loquimur sed vivimus. Vide* meu *Para a História da Fil. em Portugal no séc. XX,* 1961.

110   A FILOSOFIA NO SÉCULO XX

caracteriza-se e determina-se não só por uma viragem
do espírito filosófico (sobretudo característica da Fenomenologia) para os *dados-imediatos*, conteúdos e
intenções de vivências, mas também por aquela
mesma posição que já conhecemos em DILTHEY ao
exigir uma «hermenêutica» da vida, entendida como
interpretação das atitudes de facto da existência
humana e das formas preracionais e prereflexivas de
compreensão que o homem tem do mundo e de si
mesmo. O problema do ser e o do «sentido» fundem-se
assim um no outro, pensados como um problema
único. A *Filosofia existencialista* representa exactamente um contraste absoluto com a do século XIX
que separava rigorosamente a sabedoria da vida da
Filosofia ciêntífica, os filósofos oficiais e os pensadores
livres das coisas da vida. A circunstância de esta
Filosofia arrancar da vida humana como «facto», duma
existência-dado-imediato, é que a levou a ultrapassar
todas as doutrinas que afimavam a consciência absoluta e todo o puramente ideal do *Idealismo transcendental* de todas as direcções e todas as cores.
Pelo contrário — em oposição a todas estas filosofias da «humanidade», quer se trate do Idealismo
clássico, no neokantiano ou do neohegeliano, quer
das correntes naturalistas e positivistas do século XIX,
quer do colectivismo, ou ainda de pessimismo redencionista de SCHOPENHAUER, tendo em vista precisamente destruir toda a individuação, considerada mero
produto das condições do espaço e do tempo (dentro
das quais o homem individual era sempre intuído
como simples ponto de cruzamento de forças trans-
dendentes e dissolvido no *geral* de qualquer totalidade

O HOMEM E A HISTÓRIA 111

abstracta) — pelo contrário, dizemos, aquilo que agora aparece na tela da discussão é precisamente o indivíduo na sua unidade e finidade radicais.

A análise da «existência», feita fenomenologicamente por M. Heidegger, representa uma original contribuição, embora assaz influenciada por Kierkegaard, para a Antropologia, se abstrairmos do que nela se contém também de contribuição para uma *Ontologia regional* (por exemplo, nos seus caracteres estruturais do existente, *«existenciais»*, em oposição às *«categorias»* só aplicáveis ao ser como objecto de pensamento) e se abstrairmos ainda da já referida pretensão a desenvolver, partindo daí, todo o problema do ser *Ontologia fundamental*. Com efeito, «existência», «existir», que, como dados imediatos, se apresentam sempre originária e essencialmente como individuais (como meus, como nossos) — e portanto não na forma dum *Eu absoluto*, como em Fichte, nem na de sujeito, consciência ou liberdade absolutas, mas pura e simplesmente na forma que se pode exprimir por um simples *«vivo»* ou por um *«sum»* — são compreendidos por Heidegger, fundamentalmente, como um *«poder ser»* virtual, ou como um *«projectar fazer-se a si mesmo»* face a face com todas as possibilidades imagináveis. Portanto: real possibilidade de devir, *«liberdade de traçar o futuro»*, vêm a ser, indo na esteira de F. H. Jacobi e de Fichte, os caracteres fundamentais de toda a existência. São eles que a fazem distinguir, pode dizer-se, de tudo mais que se chama *ser*, no sentido de *já existente, já efectivado*, pelos quais se orienta aliás a atitude do homem para com o mundo que o rodeia. Mas é este outro ser, o já efectivado, que vem afinal influir na determinação da nossa concepção do ser e na doutrina das suas «categorias» para o apreendermos, em harmonia com a Ontologia tradicional. Digamos, numa palavra: «existência», segundo esta doutrina, é (ou melhor, compreende-se inefavelmente e prerracionalmente que seja) um certo *tipo de existir*, ou de *existencial*, que tem a faculdade de decidir, ele, sempre, do seu próprio ser e que deve mesmo decidir dele. Esta decisão desenha-se sempre, em última análise, perante uma alternativa; esta é: ou a de

112 A FILOSOFIA NO SÉCULO XX

lançarmos mãos à obra da nossa própria vida, ou a de renunciarmos a ela; a de ganhar ou a de perder a «existência» real; a de conseguir por meio duma adequada exaltação de entusiasmo possuir-se e realizar-se a si mesmo, ou a de nos deixarmos perder, recaindo na voragem do impessoal «se» e das restantes forças dos hábitos quotidianos e rotineiros. A grande missão do homem, que este constantemente descobre no último fundo das suas vivências, é a de conseguir realizar-se e de *se ser a si mesmo*. Precisamente, a essencial temporalidade e o carácter finito da existência é que nos dizem com uma voz insofismável, e que se não deixa calar, isto: sempre e em cada momento eu me acho predestinado a um morrer *que sei ser só e intransmissivelmente o meu*. É perante a morte, com efeito, que a «existência» se sente e se sabe também melhor colocada em face de si mesma, no sentimento do seu próprio poder ser. A morte é a sua maior possibilidade. Com a renovação do problema da morte é que a Filosofia existencial passa a ocupar-se das questões metafísicas, no mais rigoroso sentido da palavra. Este problema tinha sido, como se sabe, quase expulso da Filosofia no século XIX, e antes disso só fora tratado (quando o foi) de mistura com toda a sorte de preocupações religiosas sobre a imortalidade da alma, como ainda em SCHOPENHAUER e em FEUERBACH nos seus primeiros tempos. Passou, porém, hoje, a ser atacado num ponto de visto novo: o da estrutura ôntica essencial da vida, como já se se nota em SIMMEL e depois em M. SCHELER. A concepção que a *Filosofia existencial* forma do homem, parte precisamente do carácter essencial deste, como *aniamal metaphysicum*, durante muito tempo esquecido ou relegado para um plano secundário. Vê no homem um ser vivo que não só aqui e além costuma cultivar a metafísica, mas que nas fundamentais condições da sua vida se acha colocado, antes de qualquer reflexão do saber, perante o cruciante enigma da sua existência, bem como perante os problemas do absoluto, do nada, e do porquê de todo o seu ser. Mas, — e isto é o mais importante — HEIDEGGER não parte, como KANT, apenas duma predisposição natural para uma metafísica da «razão», ou duma «necessidade» metafísica, como SCHOPENHAUER. Toma neste ponto um caminho diverso: o da

O HOMEM E A HISTÓRIA 113

análise das nossas próprias vivências mais fundamentais, inerentes à vida, e que vão tocar nestes problemas últimos. E a influência de KIERKEGAARD torna-se particularmente sensível no que diz respeito sobretudo ao estudo do fenómeno do «medo», como justamente de uma dessas fundamentais disposições do nosso íntimo ser que o coloca diante da possibilidade aterradora do *nada* ou do *não-ser* que o ameaça.

Enquanto que, porém, em HEIDEGGER o problema moral —que para KIERKEGAARD fora decisivo e na filosofia de NIETZSCHE permanente—ficou sempre em plano secundário, em outras correntes da Filosofia existencial ocupa esse problema o primeiro lugar. Com a construção do princípio ideal de valor e especialmente das tábuas de valores *a priori* conseguiram, na verdade, M. SCHELER e N. HARTMANN contrapor também à lei ética formal de KANT uma *Ética material dos valores*, edificando assim uma nova base para o estudo da moralidade, da Moral e do *Ethos* do homem, embora sem perder o sentido da sua diferenciação e relatividade históricas, nacionais e individuais. E de não secundária importância é neste ponto, entre outras coisas, também a questão acerca das ilusões sobre os valores e a possível falsificação destes. Neste ponto, as ideias de SCHELER e HARTMANN dão um novo desenvolvimento ao conceito de NIETZSCHE sobre o «ressentimento» e ao do papel por este desempenhado historicamente na construção de muitas tábuas de valores.

Outro representante da moderna Filosofia existencial é KARL JASPERS. A *Filosofia da Existência* de JASPERS separa-se contudo, fundamentalmente, como clarivisão da existência que pretende ser, da Ontologia e da sua problemática. Segundo JASPERS, esta última não pode deixar de conduzir ao perigo duma falsa solidificação—isto é, coagulação ou conversão em objecto—daquilo que por natureza é necessariamente fluído, livre e primário, ou seja, a vida. A iluminação ou clarivisão pela Filosofia consiste num apelo dirigido à vida de todo o indivíduo e numa suprema decisão deste. O homem não é senão uma *existência que se cria e se forma a si mesma* por meio duma actividade que consiste em compreender-se a ele próprio e em tentar autorealizar-se. Toda a Filosofia teorética,

8

114 **A FILOSOFIA NO SÉCULO XX**

definidora de estruturas, pára aqui (e não, como em Kant, apenas no limiar do «suprasensível!»). Desta maneira, vem a receber novo alento a velha antinomia: «especulação—vida» que, partindo de Jacobi, já tanto preocupara Fichte. A «clarificação da existência» *(Existenzerhellung)*, cujos primeiros passos começam a produzir-se «dialecticamente» junto à raiz das próprias contradições da vida, consistindo só em negações, abrange, além do próprio *eu* e o seu mundo circunjacente de vontade e liberdade, também as «dimensões» ou maneiras como participa na vida e no espírito esse mesmo Eu na sua comunicação com os outros *eus* e na história, sendo decisiva aqui a influência exercida sobre Jaspers pelas teorias de M. Weber sobre a sociedade e a história. E se já aqui, com isto, o quadro do conceito de existência fica assim consideravelmente ampliado, da terceira parte desta Filosofia, na sua divisão tripartida *(Weltorientierung, Existenzerhellung, Metaphysik)*, deve dizer-se que ela também já em si mesma nos conduz, através da imanência do existencial e das suas *situações-limites*, muito para além dela própria, até nos dar inclusivamente certas perspectivas sobre o Transcendente e o absoluto. Escolha da nossa existência e maneira de nos conduzirmos para com tudo aquilo que se acha inatingivelmente para além do mundo e do ser, são uma e a mesma coisa. Só nas decisões temporais da liberdade, só nelas, antingimos o eterno. Prolongando certas considerações religiosas e filosóficas derivadas duma Ética de liberdade (Fichte), esta doutrina sustenta que é precisamente pela impossibilidade em que nos achamos de extrairmos do ser a ideia dum fim justo para a nossa acção justa, que se justifica a transição para a Metafísica. Mas por isso mesmo também é que esta *Metafísica existencial* se abstém de toda a tentativa de fixação racional do ser em si, com o qual só se pode entrar em contacto através de símbolos. E por isso mesmo ainda é que ela faz também consistir o seu conceito de fé e do objecto da fé — em oposição a toda a teologia positiva e metafísica racional do absoluto (por ex., a contida nas pretensões do Idealismo alemão, especialmente de Hegel, no de Schelling e no mais recente) — no próprio devir activo de nós mesmos, quer através dos nossos êxitos, quer dos revezes sofridos. Ora só a Filoso-

O HOMEM E A HISTÓRIA 115

fia nos pode servir directamente de garantia contra o cepticismo, a negação, ou a falsificação da vida.

Apesar de tudo o que acabamos de dizer, não deixe de se notar ainda, por último, que uma Metafísica religiosa da mesma espécie dos sistemas clássicos e, especialmente da do Idealismo alemão, não deixa igualmente de existir ainda hoje e de revestir até numerosas direcções e formas de renovação. Pode dizer-se neste ponto que as direcções mais poderosas neste sentido são: por um lado, as do *Idealismo do Espírito* (inspirada nos países anglo-saxónicos em BERKLEY e HEGEL; na Itália sobretudo no último); por outro lado, as do *Neotomismo*. Na Alemanha desenvolveram novas formas duma mertafísica religiosa do Espírito, ainda no século XIX, EUCKEN, e mais tarde, remontando a FICHTE e à mística alemã, SCHWARZ *(Filosofia do não-dado)*. Em França produzem-se também neste momento, não sem ligação com as grandes tradições do Espiritualismo religioso desse país, certas tendências originais para uma nova metafísica religiosa cristã (LAGNEAU, BRÉHIER e BLONDEL). — Por último, note-se ainda que também a tendência para compreender o absoluto como um *devir* e nele procurar a origem e a necessidade de todas as contradições e conflitos, desfalecimentos e absurdos que se observam na natureza e na humanidade, bem como a tendência para procurar no termo da evolução cósmica, e não na sua origem, a perfeição divina e a harmonia— doutrina esta que equivale a ver nessa evolução cósmica o próprio devir da essência divina, em que o homem toma parte—não deixam de continuar a encontrar hoje ainda numerosos representantes. Por exemplo: BERGSON em França; M. SCHELER na Alemanha; e S. S. LAURIE na Inglaterra. São estes, em grande parte, com efeito, os continuadores de certas atitudes filosóficas que, desde o evolucionismo redencionista de E. HARTMANN, remontam, pode dizer-se, às mais variadas origens(¹).

(¹) *N. T.* Relativamente a SARTRE, o mais conhecido dos existencialistas franceses da actualidade, a quem já atrás em nota nos referimos, devemos notar que, sem perder originalidade ,se acha assaz perto da linha de pensamento de HEIDEGGER É um HEIDEGGER mais radical na sua afirmação ateísta e na sua

V — O PROBLEMA DO «SER SOCIAL»

O problema do ser e do sentido essencial da existência humana acha-se nos nossos dias, mais uma vez, estreitamente ligado também, como nos bons tempos da Metafísica clássica, com o do ser e da essência *sociais* do homem. Também aqui deve começar-se por observar que a opinião tão generalizada

---

negação de toda a *essência* como anterior à *existência*. Partindo também duma teoria do *Ser em geral* ou Ontologia, subdivide este em três como que *regiões*, tiradas da filosofia de HEGEL: o *ser em si*, o *ser para si* e o *ser para outrem*. A primeira é o ser do mundo material, constituído só pelos fenómenos *(fenomenismo)*, matéria viscosa e nauseabunda *(la nausée)* rebelde a toda a razão e lógica. A segunda é o ser da *consciência*, do *cogito* ou do *eu* que traz em si o nada, o *néant*; a consciência é um *menos ser*, uma lacuna ou buraco no ser, condenada a ser livre para só achar em si, no fim, na sua autorealização, o insucesso, o fracasso, a angústia e o desespero. A terceira, finalmente, é o ser da *sociedade*; este consiste, porém, só num conflito de liberdades sem remissão, ou luta de morte, em que os outros são para nós o «inferno» *(Huis clos)*. A Filosofia de SARTRE é assim, como já se lhe tem chamado, uma *Filosofia do Absurdo*. É em todas as suas partes uma absolutização do absurdo da existência, consistindo nisso o verdadeiro *humanismo*, e só conservando como factor positivo do *ser para si* uma plena e perfeita lucidez para a consciência no desenrolar destas situações ontológicas. O homem é o espectador e o colaborador, libérrimo aliás, deste drama sem sentido da vida ou da existência.

Mas esta filosofia, que até há pouco não passava duma psicanálise existencial, cuja melhor expressão se encontra nos livros *L'être et le néant*, *La nausée* e restante obra sobretudo literária de SARTRE, apresenta-nos contudo recentemente, talvez, uma nova fase com o novo livro do autor, *Critique de la raison dialectique* (1960). Nesta obra, com efeito, reconhece-se já à

O HOMEM E A HISTÓRIA 117

na Filosofia do século XIX, particularmente nas ciências psicológicas (donde se propagou depois até às mais profundas regiões da nossa consciência da vida), segundo a qual o homem, considerado como objecto temporal no seio da realidade, não passa dum ser individual — tendência que chegou a invadir inclusivamente as próprias concepções sociais do colectivismo — vai sendo lentamente abandonada. A questão fundamental em torno do binómio *«individuo-sociedade»* acha-se de novo na ordem do dia. E não é tanto já — note-se — no plano das questões ético-religiosas, a propósito da Ideia e do Dever-ser, como sobretudo no plano da própria existência integral e empírica do homem que essa questão é posta. Pouco a pouco, sobre a base dos novos factos vitais a convicção vai-se de novo impondo (convicção que afinal a Filosofia social, política

---

Filosofia uma função mais positiva e eficiente na direcção do mundo e do homem, podendo promover certas transformações históricas. Isto é: longe de se esgotar numa autocontemplação dum homem isolado e desgraçado no meio dum mundo e duma sociedade absurdos em si mesmos, a filosofia passa também a ser, além de totalização do saber, método, ideia reguladora da acção do homem e instrumento de transformações. — Quanto ao existencialismo italiano de Abbagnano, trata-se também duma feição no mesmo sentido mais *positiva*, não desesperante, desta corrente de ideias. Dá-nos ela um existencialismo transfigurado, preocupado com a reconstrução do mundo do homem; com uma função directiva de primeira ordem na existência, tanto solitária como social, do homem de hoje, para a determinação e valorização das suas *possibilidades humanas*. Ensina antes «a nadar e como se nada, em vez de ensinar só a agitar-se furiosa e inutilmente na água». Obras mais importantes: *Struttura della esistenza* (1939); *Morte e trasfigurazione del Esistenzialismo* (1955) e *Possibilitá e Libertá* (1956).

118 A FILOSOFIA NO SÉCULO XX

e histórica do Idealismo alemão, desde FICHTE, já tinha conquistado, embora dentro dum quadro de ideias metafísicas) de que o indivíduo em si (não só nos seus fins, como em todas as suas possibilidades, até ao seu mais profundo e íntimo ser, aos últimos aspectos inter-individuais da sua existência) nada é, e de que só mediante a sua *integração* nas unidades superiores da vida e da vontade sociais consegue afinal realizar-se, só da substância delas vivendo e nelas achando o natural ponto de confluência de toda a sua actividade. A ponte de passagem para esta convicção foi dada neste ponto pela própria Psicologia nas suas investigações acerca da psicologia colectiva com os trabalhos da *Völkerpsychologie*, de WUNDT e da *Psicologia das Multidões* de G. LE BON. Um domínio inteiramente novo de problemas abriu-se aqui com a caracterização do conceito de «meio concomitante» *(Mitwelt)*, em oposição ao conceito, anteriormente único conhecido, de «meio ambiente» *(Umwelt)*, fixado nas descrições da Fenomenologia, e que tão grande influência tem depois disso exercido, inclusivemente na Filosofia existencial. Entre as grandes correntes do pensamento filosófico e metafísico do nosso tempo, foi, porém, a do *Neohegelianismo* (representado na Itália principalmente por GENTILE) a que mais profundamente veio contrapor ao conceito *atomístico-individualista* de sociedade — bem como à simples problemática das relações de interdependência e acção recíproca entre os indivíduos, do entrelaçamento dos seus instintos e interesse — a doutrina *das totalidades transpessoais da vida social pensadas como reais unidades*. Esta é também a direcção

O HOMEM E A HISTÓRIA 119

de pensamento que se exprime na *Filosofia social*
de O. SPANN, dominada pela Metafísica do Espírito
de HEGEL na sua luta apaixonada contra o atomismo
sociológico e ainda na sua Metafísica universalista.
Os conceitos fundamentais desta última doutrina
são: os de «desmembramento» «ramificação», e de
novas «reintegrações» do desmembrado e ramificado.
A respeito desta corrente deve apenas notar-se que
com ela se tornou ainda maior o perigo, que já se con-
tinha em HEGEL, de acabar por dissolver por completo
a consciência do indivíduo numa substância metafísica
e num conceito de Espírito que ficam assim absolutamente pairando no ar. Além disso, consinta-se igualmente notar que também a imagem de *«organismo»*,
tão querida da Filosofia româtica da sociedade, não
tem deixado de ser novamente explorada, como, por
exemplo, acontece com os trabalhos de SCHÄFFLE
e KRANNHALS.

Mas, seja como for, foi propriamente a mais
recente Sociologia com as suas tendências univer-
salistas que neste ponto veio contribuir duma maneira
decisiva para permitir achar novos caminhos filosóficos
para a solução destes problemas. É nela que, efectivamente, vamos encontrar hoje uma série de investigações de natureza fundamentalmente empírica sobre as
reais forças e movimentos sociais, em aberta oposição
a todas as doutrinas da sociedade e do Estado vindas
desde a antiguidade até ao Idealismo e ao Romantismo.
Estes partiam sempre, antes de mais nada, como se
sabe, da Ideia ou da determinação de certos fins e certas
normas da actividade humana. E conquanto esta
nova Sociologia se tenha tornado independente da

120 A FILOSOFIA NO SÉCULO XX

Psicologia e da Filosofia, não é menos certo que as suas relações com estas não deixam de permanecer também muito estreitas. Pode dizer-se que grande número dos mais autorizados sociólogos desta nova espécie, com efeito, ou parte de problemáticas filosóficas, ou, levado atrás de questões de método e de delimitação de fronteiras científicas, é também a princípios filosóficos que remonta.

Aquilo que caracteriza esta Sociologia contemporânea, na medida em que ela interessa à doutrina filosófica do homem, é o facto de ela se achar por toda a parte dependente de numerosas discussões científicas teoréticas do mais alto interesse para esta jovem ciência. No fundo, trata-se sobretudo duma questão metodológica, que vem desde TÖNNIES e DURKHEIM nos fins do século xix até à mais recente actualidade (H. FREYER). O que se discute é sobretudo um problema de *categorias* e o do particular relevo ontológico que deve ser dado à específica realidade social, tal como esta se desenha dentro do mundo-social--histórico no seu conjunto. Na Alemanha são os nomes de E. TROELTSCH, MAX WEBER e ALFREDO WEBER os verdadeiros marcos miliários desta evolução das ideias.

É preciso notar que também neste domínio do Real, aquilo que este século trouxe de novo foi igualmente a abjuração do naturalismo sob o signo do qual, como se sabe, tinha nascido e florescido a Sociologia do século passado. O principal objectivo que a «Física social» se propunha determinar (a lei natural sociológica das Sociologia francesa e inglesa, mais fortemente sugerida ainda pelos contactos estabelecidos com a Estatística dos factos sociais) foi, pode dizer-se, abandonado. Esta investigação que durante algum tempo foi

O HOMEM E A HISTÓRIA 121

considerada como sinónimo de Sociologia, inclusive ainda durante as primeiras discussões sobre a distinção entre as ciências da natureza e as do espírito, foi, com efeito, posta de parte, depois do mais profundo conhecimento que se alcançou sobre as específicas estruturas e íntimas particularidades deste domínio do ser. Em seu lugar, aquilo que se tornou tema capital desta ciência foi antes a dinâmica de desenvolvimento própria das forças sociais que se trata, ou deve tratar, de apreender como se puder, mas nunca dentro duma rede de leis relativas a factos que se repetem, ou ainda menos dentro de formas duma causalidade puramente biológica. E este tema capital, a dinâmica de desenvolvimento das forças sociais, foi —deve acrescentar-se ainda—precisamente o da Sociologia alemã desde o princípio (a partir de HEGEL), embora tal tema por vezes se tenha deixado reduzir aí às proporções dum esquema puramente dialético (de «tese, antítese e síntese») e até por fim, inclusivamente, escamotear por meio duma nova idenficação com as representações temporais doutros mecanismos da natureza (como no Marxismo e daí até LENINE). Mas o que não sofre dúvida é que é este o ponto no qual hoje se fortalece cada vez mais a convicção acerca do carácter essencialmente histórico que têm todas as realidades sociais e, portanto, também toda a metodologia sociológica que delas pretende ocupar-se. Com este carácter histórico duma Sociologia «concreta», como ciência da realidade, mas duma «realidade» *sui generis*, que se afasta cada vez mais de todas as representações ideais-abstractas e naturalistas tembém abstractas acerca duma certa essência supratemporal da sociedade, é que hoje se procura construir e definir, em termos absolutamente novos, a Sociologia. Esta tornou-se uma ciência toda referida a um «presente», a uma realidade presente, sendo isto o que precisamente caracteriza a fundamentação da Sociologia alemã. Não é já portanto, como conjunto de conhecimentos práticos ou como uma técnica fundada nas ciências naturais que a Sociologia é hoje compreendida, mas como uma *interpretação do presente* e dos seus temas, da sua missão histórica, relativamente ao que deve ser a nossa criação do social. *(Sociologia como ciência ética*, de H. FREYTAG).

122 A FILOSOFIA NO SÉCULO XX

Esta convicção acerca do carácter histórico da vida social conseguiu impor-se mesmo às tendências já deste século para uma *«Sociologia formal»* (Simmel) que, embora representando também uma rutura com o naturalismo causalista, todavia abstraíam ainda de todo o individual-histórico que só lhes interessava a título de exemplo e como ponto de partida para as suas construções. A «Sociologia formal», com efeito, tira o seu ponto de partida da verificação das diferenças essenciais que existem entre as várias *«figuras sociais» (soziale Gebilde)*—questão novamente posta por Tönnies com a sua teoria do contraste entre «sociedade» *(Gesellschaft)* e «comunidade» *(Gemeinschaft)*—e evoluciona no sentido de se transformar antes numa teoria puramente sistemática das estruturas sociais abstractas e intemporais *(Geometria das formas sociais)*. E contudo, apesar desta evolução da *«Sociologia formal»* no sentido indicado, não deve deixar de se notar também uma certa sua tendência para se aproximar do ponto de vista histórico. Com efeito, a doutrina dos *«Tipos-ideais»*, de M. Weber, afirmando que tais tipos representam certas tendências gerais de criação e movimento no seio das formas sociais com certa possibilidade de transformação para estas, se nos dá uma visão mais· profunda das realidades concretas e históricas da sociedade, não deixa de nos mostrar, por outro lado, uma notável tendência deste pensamento puramente formal para ultrapassar, nos seus conteúdo e na sua orientação metodológica, não só o conceito naturalista de lei, mas também a atitude inhistórica desta Sociologia. Pode dizer-se que este estudo de «tipos», promovendo um alargamento de visão sobre o ser supra-individual e as leis estruturais específicas das «figuras sociais» *(soziale Gebilde)*, constitui igualmente um importante capítulo do estudo das categorias, cheias de conteúdo histórico, desta «região» da realidade humana.

Com esta nova rutura com o *Naturalismo* (não só metodológico como ontológico) do século xix, corre pois paralela também a tendência para repudiar todos os conceitos de sociedade carregados, por assim dizer,

O HOMEM E A HISTÓRIA 123

de conteúdos naturalistas. Ora um conceito de sociedade desta natureza, de origem económica, que tolhera durante muito tempo, por completo, a vista aos sociólogos, foi precisamente o conceito que veio a infiuir sobre a Teoria da sociedade e da história do *Marxismo*. Foi esse conceito que foi portador nos seus flancos de toda uma teoria naturalista do ser, que, penetrando profundamente no espírito das massas, acabou por aprisionar todo o pensamento sociológico. Mas a Sociologia do século xx alargou consideravelmente o seu campo de investigação. Ampliou este, como se sabe, do terreno económico ao de todas as actividades da vida humana e especialmente das culturais. Os mais diversos mundos da vida humana, que o trabalho gigantesco das ciências do espírito, da etnologia, dos estudos prehistóricos e da história europeia e extra-europeia, abriu ao saber, reclamaram, por seu turno, e obtiveram, o direito de serem também contemplados numa perspectiva sociológica. A *Sociologia da Cultura* (M. Weber), a *Sociologia do saber* (M. Scheler), a da *Religião* (E. Troeltsch e M. Weber), e especialmente as grandes investigações deste último sociólogo sobre a ética económica das religiões universais, não só se constituíram como outras tantas novas e fecundas províncias diferenciadas do estudo sociológico, como puderam mostrar a influência positiva, original, e por vezes decisiva, dos «*factores ideais*» da vida social e histórica sobre os seus «*factores reais*» de ordem económica, embora sem negar que estes actuem também sobre ela exercendo a sua acção a partir de baixo. O problema de saber o que são as *infra* e as *supraestruturas*, bem

124   A FILOSOFIA NO SÉCULO XX

como o da particular dinâmica da acção e reacção recíprocas entre os diversos factores da vida social, afastaram-se das velhas soluções monistas, como eram as do *Idealismo hegeliano* e do *Materialismo económico* de MARX. — Estes problemas (aqui como na Ontologia da história) passaram a ser atacadas dentro duma série de investigações filosóficas. Estas procuram, antes de mais nada, diferençar no seu conteúdo e separar distintamente, no ponto de vista das respectivas categorias do conhecimento, os diversos domínios sociais e históricos da vida humana. Procuram, além disso, definir as mais características leis de desenvolvimento nestes diversos domínios. E pode dizer-se que as mais importantes contribuições neste sentido foram ainda, também neste domínio, sem dúvida, as de M. SCHELER.

Entre os temas mais gerais de investigação que o novo século pôs à Sociologia, há, porém, dois que tiveram para a Filosofia contemporânea uma importância de primeiro plano: o de *Povo* e o de *Chefe*. O primeiro destes temas fora já formulado por HERDER, MOSER, FICHTE e os românticos. Estes, como se sabe, colocaram-no no centro do estudo filosófico e científico (das Ciências do espírito) relativo ao mundo histórico e social. Mas foi só no século XIX que W. H. RIEHL fez dele um problema fundamental. O segundo, conquanto igualmente já tivesse sido agitado com particular energia por NIETZSCHE, a propósito da *Filosofia da Cultura*, foi, porém, só nos nossos dias, em consequência das profundas transformações sociais a que estamos assistindo, que pôde considerar-se também verdadeiramente renovado. Trata-se, com mais propriedade, do problema das relações de estrutura e significação

O HOMEM E A HISTÓRIA 125

que existem entre «dirigência» e «séquito» *(Führung e Gefolgschaft)* no edifício social, especialmente no aspecto das relações entre «élite» e «massa». Mas o que é certo é que ambos estes temas nos conduzem directamente — é conveniente frisá-lo — até à *Filosofia da História*, uma vez que, como é sabido, as relações entre uma Sociologia orientada filosoficamente e a Filosofia da História se tornaram hoje tão íntimas.

O problema sociológico, empírico e filosófico de *Povo*, bem como o problema hoje tão actual e agudo — mas filosófica e cientificamente apenas no início do seu estudo — acerca da raça, mal começaram, pode dizer-se, a ser atacados. O primeiro anuncia-se jé em numerosos domínios científicos particulares (como, por exemplo, no da Filosofia política, no da Ciência da educação, no das considerações fundamentais da Política, no da Etnologia, no das Ciências do espírito) e torna-se particularmente actual como contapartida da teoria da luta das classes. Devemos ver nele e na sua discussão mais um esforço no sentido duma emancipação da Sociologia do formalismo abstracto e da conquista de temas sociológicos com verdadeiro conteúdo concreto e histórico. Na Alemanha significa, deve dizer-se, a *Teoria do Povo*, de M. H. Bohm, precisamente um passo neste sentido. — Por outro lado, quanto ao problema da «dirigência», se este se acha também hoje renovado, como dissemos atrás, deve-se isso particularmente à imperiosa necessidade de reagir contra a absorvente *Sociologia das massas* do Colectivismo, que, como também já foi dito, influiu tão poderosamente sobre o próprio conceito da sociedade. O reproche de Nietzsche, de que a Sociologia do século xix apenas conhecia e tomava para base do seu estudo figuras degenerativas da sociedade, e o vigor com que ele nos falou das organizações de domínio e poder em todas as evoluções criadoras (inclusive nas que se referem à Ética e às Concepções do mundo), representaram indiscutivelmente um forte protesto contra as habituais e rotineiras maneiras de pensar do seu tempo. Inclusivamente, o determinismo (sociológico, de natureza «dialéctica», naturalista,

126 A FILOSOFIA NO SÉCULO XX

estatística ou mesológica) foi também absolutamente condenado. A responsabilidade, a liberdade, o poder de decisão, passam a ser considerados «categorias» fundamentais em Sociologia, e em vez da fatal necessidade do determinismo, até a simples possibilidade histórica, a que M. Weber chamou «chance», foi erigida em lei. A uma interpretação sociológica da moral, da religião, da linguagem, do conhecimento (abstraindo mesmo das suas tendências relativistas), como era a feita em França, por exemplo, por um Fouillée, por um Durkheim e pela sua escola, contrapôs-se a excepcional e decisiva importância da acção e da inspiração das grandes individualidades, bem como das camadas dirigentes, ou *elites*, em todos os domínios da observação empírica. E se, no que toca à ciência francesa da moral, é a *Expérience morale*, de F. Rauh, que marca aqui, pode dizer-se, esta transição, no que respeita à Filosofia da religião e da línguagem o mesmo pode ser dito dos novos métodos psicológicos de H. Delacroix.—Na Alemanha foi este tema atacado filosoficamente por M. Scheler *(Vorbild und Führer)*; na Itália, no campo sociológico, por V. Pareto sobretudo *(Leis de formação e decadência das elites)*. Finalmente, num quadro embora todo feito de considerações político-sociais sobre a crítica do nosso tempo, não deixaram também de acentuar devidamente a sua significação G. Sorel, na sua crítica do Marxismo, e mais recentemente ainda, em Espanha, Ortega y Gasset.

VI — A FILOSOFIA DA HISTÓRIA

Os novos esforços para uma compreensão filosófica do homem conduziram, por sua vez, a uma nova *Filosofia da História*. É mais uma vez o caso de se dizer que um grande tema da Ontologia que na transição do século xviii para o xix fora formulado e compreendido dentro duma grandiosa construção metafísica, se acha hoje de novo restaurado, especialmente na Alemanha, e de novo colocado no centro das grandes preocupações filosóficas do nosso tempo. Para isso

O HOMEM E A HISTÓRIA 127

concorreram não só o considerável alargamento dos nossos horizontes no mundo histórico (alargamento sem dúvida devido às incalculáveis realizações das ciências históricas e muito particularmente das ciências históricas do Espírito e da Cultura mas também a formação duma nova consciência histórica do homem moderno. Este sabe muito bem que tem diante de si uma contemporaneidade que, como a de nenhuma outra geração anterior, terá de ser construída por ele próprio através da sua acção, do seu amor pela vida, do seu sentimento dos valores e do seu poder de crítica: numa palavra, pelo seu querer e pelo seu esforço. Sabe que se encontra colocado perante um presente, enfim, que embora defluído do passado, ele tem por missão ultrapassar e vencer, e que, sendo por definição transitório, se acha carregado de futuro. A isto acresce ainda a insofismável consciência que em nossos dias está invadindo todas as *formas-da-vida*, de que esta, a vida, se encontra hoje numa fase culminante de transformações históricas, cujo exacto alcance não podemos ainda medir, mas de que deriva um sentimento de esmagadora responsabilidade para a actual geração como talvez nunca outra o tivesse tido. O termos nós de «fazer a história» não pode deixar de nos levar a querer também fazer a «teoria» da própria história. E assim esta, a história, veio a adquirir, na nossa consciência da realidade e do mundo, uma importância muito maior do que a da nossa contemplação do Cosmos e da natureza.

A Filosofia do homem não pode hoje, pois, prescindir da dimensão histórica, ao fazer a sua análise do ser, depois das palavras memoráveis de DILTHEY

— «não é pela introspecção que podemos apreender a natureza do homem, mas só pela história». Deste modo, a *historicidade* tornou-se a própria maneira particular e fundamental de ser, o *modus existencialis*, da essência humana. Esta historicidade atravessa essa essência; imprime-lhe o seu destino; é, porém, hoje entendida (desde DILTHEY e YORK V. WARTEN-BURG até HEIDEGGER e JASPERS)duma maneira diametralmente oposta àquela como era entendida nas considerações sobre a «natureza» do homem e sobre o seu ser supratemporal de antanho. Saber aquilo que o homem é, é o mesmo que saber aquilo de que ele é capaz. Mas, por sua vez, saber aquilo de que ele é capaz, especialmente no campo da sua vida espiritual, só o poderemos saber precisamente através das suas transformações históricas. E assim todas as suas criações neste domínio, a obra das suas transformações sociais e da sua cultura, da sua filosofia e das suas concepções-do-mundo, passaram a ser consideradas com outras tantas revelações de possibilidades do ser humano filosoficamente interpretadas. Ora dentro deste ponto de vista é que a *Filosofia da História* alcança orientar-se, hoje, não só no sentido duma compreensão ôntica, ontológico-categorial (tarefa em que é ajudada pela Sociologia) do mundo social--histórico e das forças que nele imperam, como no duma autointerpretação do homem por ele próprio, assente num autoexame que toma por objecto, não só a condição humana geral, mas também as suas posições presentes e concretas.

O início destas investigações sobre a *Filosofia da História* no presente pode ver-se na problemá-

O HOMEM E A HISTÓRIA 129

tica, já posta no final do século XIX, acerca do conhecimento, da conceituação e das *categorias de pensamento* próprias das ciências chamadas históricas *(Filosofia formal* da História).

Por um lado, DILTHEY, por outro, com notável originalidade própria, WINDELBAND e RICKERT, foram quem criou as bases desta nova «Lógica da História» sobre as quais depois trabalharam muitos outros pensadores, como SIMMEL, XÉNOPOL, MAX WEBER, e sobretudo, embora por outros caminhos, E. TROELTCSCH e B. CROCE (este provindo de HEGEL). Os dois últimos abrangeram dentro da nova problemática todo o património tradicional das velhas teorias metafísicas ou positivas da História universal, não só dos tempos clássicos como do século XIX, e ainda inclusivamente certas ideias dos vários sistemas filosóficos acerca da História. Foi com estas investigações lógico-metodológicas, cuidadosamente protegidas contra toda a penetração de quaisquer processos e conceituações das ciências naturais—durante muito tempo aliás consideradas como as únicas ciências possíveis (cfr. ainda, na transição do século, P. LACOMBE: *De l'histoire considerée comme science)*—que os grandes problemas da objectividade da história e da «autonomia» das ciências históricas e das ciências do espírito conseguiram enfim alcançar a actualidade que hoje têm. Com efeito, esses problemas ultrapassaram assim o domínio da crítica do conhecimento e penetraram, inclusivamente, no das próprias concepções-do-mundo. O tema do «Historismo», tanto no mais lato como no mais restrito sentido da palavra—entendido no sentido duma tendência da consciência histórica para tudo dissolver numa interpretação relativista e paralisadora da acção, como já ressoava na segunda *Unzeitgemässe Betrachtung*, de NIETZSCHE—foi retomado em toda a sua amplitude por TROELSTSCH. A essencial relatividade no tempo que afecta todas as concepções e investigações históricas pela sua referência ao momento em que são construídas—não só no sentido da sua limitação a esse momento como ainda no sentido de serem interpretações exclusivamente próprias dele—foi posta em toda a evidência por CROCE. E assim dentro desta

9

130 A FILOSOFIA NO SÉCULO XX

orientação se conseguiu finalente vencer aquele «ingénuo realismo» das nossas imagens acerca do passado que anteriormente só tinha tido a conbatê-la a ideia kantiana da espontaneidade e da criação. A continuidade do viver histórico e da acção histórica concebem-se hoje, não apenas como *objecto*, mas inclusivamente como a raiz das próprias ciências históricas na sua visão das coisas, nas suas transformações e nas suas descobertas. Esta excursão através das perspectivas e horizontes do homem histórico, bem como através do seu presente, na medida em que este encerra em si o futuro, e ainda através do seu mundo histórico de cada momento, é hoje apresentada como o mais fecundo fundamento de todas as ciências históricas. Pode dizer-se, em suma, que a história, ainda como ciência pura e pura contemplação teorética, nada mais é do que um constante esforço da existência humana para se compreender a si mesma e para do passado extrair o seu sentido da vida (¹).

Foi mercê destes esforços que a Filosofia actual, quase sem dar por isso, foi levada, para os grandes problemas da realidade histórica, das formas de evo-

(¹) *N. T.* Não podem, no contexto deste capítulo, ser ignorados o nome a e obra de ARNOLD TOYNBEE, o historiador e filósofo da história inglês, autor da notável obra *A study on history*, em dez volumes (1934-1955), ainda pouco conhecido quando HEIMSOETH publicou esta sua *Filosofia no séc. XX* a que juntamos esta nota. Segundo T., a história da cultura não se deixa enquadrar dentro de nenhum esquema ou sistema unitário prévio. Não há, relativamente a ela, nenhum foco único donde se tenha propagado. Pelo contrário, todos os povos são chamados a realizá-la, embora com originalidade *própria* em tempo e condições muito diferentes e com possibilidades imprevisíveis. Isto torna impossível dar uma verdadeira *morfologia* das várias culturas e dos seus estádios fatais, como fez SPENGLER. Contudo T. admite que todos os povos da terra cominham para uma comum convivência, propiciada pelos progressos da técnica num mundo tornado cada vez mais pequeno. Ver também *Christianity and civilisation*, 1946; e *Civilisation on trial*, 1948.

O HOMEM E A HISTÓRIA 131

lução e das leis estruturais, do ritmo e da substância do «ser histórico» (Filosofia «material» da História, na fórmula de DILTHEY. A própria Teoria de DILTHEY relativa às Ciências do espírito, de resto, e o seu modo de contruir o mundo da história conduziam já a uma Filosofia da Vida (histórica) e das suas estruturas de conteúdo e significação. E uma coisa parecida se diga de TROELTSCH. Também o trabalho deste na procura das *categorias* históricas — como as de «*evolução*», de «*totalidade*», de *individual* etc. — não tardou em se transformar de uma *Lógica do conhecimento* numa *Lógica do ser* e das próprias coisas, à proporção que também no estudo da Lógica da História (no sentido teorético-científico) se foram tornando visíveis o característico *ser* e as respectivas *estruturas ônticas* do mundo histórico no que elas têm de específico e de diferente das da realidade da Natureza. Estão neste caso, por exemplo, as estruturas e categorias de «*único*», de «*individualidade*», de «*originalidade*», em oposição a repetição; de «significações» e «conexões de sentido», em oposição a uma causalidade indiferente a valores, etc. Além disso, note-se que a favorecer esta transição do domínio gnoseológico para o ontológico, conspiravam ainda não só o facto de certas ligações entre esta Filosofia do Espírito e a Metafísica do Idealismo alemão (desde EUCKEN até SPANN) mas também, e muito particularmente, a Metafísica da História do Neohegelianismo italiano de CROCE e GENTILE e de outros países.

Para a formação desta nova *Filosofia da História*, para a qual vão assim contribuindo lentamente as numerosas achegas de muitos historiadores e filó-

132 A FILOSOFIA NO SÉCULO XX

sofos, principalmente na Alemanha — embora ela não
tenha ainda permitido chegar a grandes construções
de conjunto de largo alcance — é porém decisivo
o repúdio, que por toda a parte hoje se opera, da velha
História universal e do seu clássico esquema do *Progresso*. Este repúdio abrange não só a História universal de feição religiosa, metafísica e humanística
(como a medrada no terreno do Idealismo alemão)
mas ainda toda a História estruturada pelas ideias
duma *Civilização europeia ocidental* ou de Humanidade, e
ainda aquela História descambada em puro Naturalismo
económico e toda dialéctica, como é a do Marxismo.
Se quisermos um exemplo disto, que teve a vantagem
de ter estimulado com os seus exageros e contradições
a propositura dos novos problemas, podemos vê-lo,
melhor do que em nenhuma outra parte, na *Metafísica
da História* dum O. SPENGLER.

Sujeito da História já não é portanto, hoje, uma *Humanidade* única, com letra maiúscula, tendo a sua marcha perfeitamente marcada sobre uma linha recta também única de
desenvolvimento. Este conceito tradicional de «Humanidade»
—depois que definitivamente se reconheceu a sua origem nas
convicções religiosas cristãs ou em tradições culturais exclusivamente oriundas dos povos ocidentais romano-germânicos
—só pode ser aceite por nós a benefício de inventário. As conquistas de Etnologia, da História, das Ciências do espírito, da
Psicologia e da Filosofia—com as suas constantes revelações
sobre as culturas extra-europeias e as criações dos povos prehistóricos ou primitivos em todas as partes do mundo — trouxeram, com efeito, para o primeiro plano do interesse científico
a diversidade das *formas-da-vida*, dos *mundos-de-valores* e das
possibilidades de desenvolvimento dos numerosos grupos humanos que sempre viveram separados e mal se poderão ter conhecido
uns aos outros. Além disso, a tradicional e clássica ideia de

O HOMEM E A HISTÓRIA 133

Progresso entrou também na agonia sob a pressão de múltiplas experiências não só históricas como contemporâneas. Principalmente o esquema e a lei postivista dum «Progresso», caracterizado pela sua referência directa ao conceito duma civilização utilitária de base económico-social, passaram à história, batidos em toda a linha, não só por um maior aprofundamento dos nossos conhecimentos sobre as formas evolutivas da Cultura, como inclusivamente pelas nossas experiências no campo político. A verdade é que também neste ponto a tendência naturalista adoptada pelo século xix, de reduzir toda a Filosofia da realidade apenas ao observável na ordem dos factos, que tanto se afirmou no estudo da história como nos restantes domínios do ser, deixou de ter aceitação. A diversidade entre o *processus* da Cultura e o da Civilização, bem como entre estes e o *processus* da vida social, torna-se cada vez mais acusada de dia para dia pela experiência (M. Weber). Ao lado do conceito de progresso, surgem cada vez com mais vigor os conceitos de *«decadência»* e de *«degenerescência»* favorecidos pelas dolorosas experiências e preocupações do nosso tempo. Desde o prognóstico niilista de Nietzsche e da introdução do conceito de «decadência» na nossa visão histórica, o terreno filosófico tornou-se mais aberto também para esta ideia. Novas leis sobre o movimento e as formas de desenvolvimento dos factores sociais tentam descobrir-se com base em certas experiências relativas a novos *corsi* e *ricorsi* e à repetição periódica de determinados apogeus e decadências, bem como com base ainda na verificação da natureza essencialmente finita de todos os fenómenos históricos e do carácter trágico de todas as Formas da Cultura. E coisa curiosa: as antigas imagens e velhos *similes* extraídos do confronto da vida social com os *processus* biológicos da Natureza, como a ideia de certas fases da evolução análogas às idades da vida do homem, etc., voltam a aparecer no terreno das investigações filosóficas sobre a estrutura e as formas de desenvolvimento da sociedade com todo os mesmos perigos de *naturalismo* que nela sempre se contiveram. As mútuas compenetração e interpenetração entre os fenómenos de decadência e progresso em todas as crises históricas, gerando por igual ideologias progres-

134   A FILOSOFIA NO SÉCULO XX

sistas e doutrinas pessimistas, constitui-se de novo em problema filosófico (SPRANGER). E não é sem um particular vigor que hoje vemos também surgir uma *«Teologia dialéctica»* (principalmente GOGARTEN) no seu combate apaixonado contra a «peste» de todas as Filosofias idealistas da História, protestando ao mesmo tempo contra toda a secularização das convicções religiosas e toda a esperança num progresso histórico.

O determinismo teleológico em história, quer sob a forma duma ordem providencial do mundo, de base religiosa, quer sob a duma lei positiva, dialéctica ou económica, bate também, dum modo geral, em retirada. Pelo contrário, o que volta a pôr-se como problema legítimo, é a fundamental *imprevisibilidade* da vida histórica no seu conjunto, bem como o papel da liberdade e da acção responsável das diferentes gerações, das camadas dirigentes da sociedade, dos grandes homens e ainda, todos os dias oferecido de novo pela experiência, o papel do *acaso* e mesmo do *absurdo* na trama da vida social. Este último problema não é afinal senão o mesmo que já tinha sido acentuado por SCHOPENHAUER com o seu Pessimismo histórico e os seus veementes protestos contra toda a Teodiceia da História, contra toda a ideia de progresso e todas as tentativas para dar um sentido à História universal. E finalmente—note-se—é ao século XX que se deve ainda a superação daquelas duas tendências do século XIX: 1)—a de fundar os processos históricos sobre factores e conteúdos económicos; e 2)—a de lhes dar uma construção especulativa: a primeira derivada de MARX, a segunda de HEGEL. Efectivamente, não há dúvida de que uma boa parte das investigações neste domínio, feitas durante as últimas décadas, têm sido consagradas precisamente à superação e crítica da concepção materialista da História própria do Marxismo (por ex., MASARYK, SOREL, WOLTMANN, PLENGE, SPANN e muitos outros). Deste modo verifica-se, em resumo, que tanto a vida humana histórica como a do indivíduo são hoje interpretadas tendo-se em vista as suas mais profundas raízes naturais e concebidas como produto duma íntima interpenetração ao mesmo tempo de forças da Natureza e forças espirituais, como que acamadas umas sobre as outras e lutando entre si pelo predomínio.

O HOMEM E A HISTÓRIA 135

Vê-se assim como são graves os problemas que hoje se debatem no campo da *Filosofia da História*. A questão, nomeadamente, de saber quem é o verdadeiro portador e o «sujeito» da História, a questão ou problema das *«totalidades viventes»*, porventura chamadas a ocupar o lugar do antigo conceito duma suposta «Humanidade» dotada de vida, ou dum Espírito universal, como em HEGEL, são, pode dizer-se, questões de novo na ordem do dia. Sabe-se que foi partindo das diferenças de estilo e de forma das várias «culturas» que SPENGLER, por exemplo, pôde construir a sua Teoria das *«almas culturais»*. Como foi partindo também de outros factos da história e do nosso tempo que os novos conceitos de *«povo»* e *«raça»* começaram a ser igualmente objecto de profundas investigações. Se o primeiro já de longa data fora enxergado na sua verdadeira importância e significação por VICO e HERDER a propósito de tudo o que é histórico (na política, como na cultura, desde o puramente natural até ao espiritual) — do segundo, do de raça, pode dizer-se ser este um conceito cuja importância só desde há algumas décadas começou a ser compreendida. Também só desde há pouco começou a ser objecto de estudo e investigação, chegando a ver-se na raça porventura o verdadeiro portador de toda a vida histórica. Além do genial impulso de GOBINEAU, em meados do século XIX, concorreram para estes estudos H. S. CHAMBERLAIN, RATZENHOFER, WOLTMANN, SCHEMANN, EICKSTEDT, na América WARD e na França LE BON e muitos outros. Além disso, também o vasto e importante campo de problemas relativos ao *«Espírito objectivo»*, importante sobretudo

136   A FILOSOFIA NO SÉCULO XX

para uma *Filosofia da História* ontologicamente orientada — que especialmente N. HARTMANN definiu com referência à História do Espírito e da Cultura —se converteu em tema de capital importância. E finalmente, em não menos estreita ligação com os problemas relativos ao ritmo e tipos de devir histórico, enumeremos ainda o problema da *idade dos povos e das culturas* e o da dinâmica própria das diversas *gerações* já notado por DILTHEY e depois por SPRANGER. Ora estes problemas foram recentemente de novo colocados no primeiro plano do interesse filosófico por BINDER e ORTEGA Y GASSET.

Às ideias de «Humanidade» e de «Progresso» contrapôs-se a Teoria dos *«ciclos de cultura»* com validade apenas relativa e transitória como concepção geral positiva. As origens desta teoria acham-se já em VICO que, pouco conhecido durante séculos, voltou novamente a ser considerado um pensador da mais viva actualidade, o mesmo podendo dizer-se de HERDER e ainda de outros autores de certas interpretações da história, dos quais decorre um fio de pensamento comum que vem alimentar as novas investigações a este respeito. Contrariamente à doutrina duma acumulação e constante adição de criações culturais e de formas de organização do homem, sustentada por muitas Teorias do Progresso, considera-se hoje forma fundamental da história o desenvolvimento espontâneo da vida criadora, actuando dentro de domínios hermeticamente fechados, sempre originais e possuidores duma completa autarquia nas suas estruturações e estilos de vida. Não se vê já no chamado mundo histórico mais do que um jogo constante entre

O HOMEM E A HISTÓRIA 137

estas como que «mónadas» ou «enteléquias» culturais. Deste modo torna-se possível não só fazer o confroto, no ponto de vista do ritmo e do modo de se desenvolverem, entre essas várias culturas, mas ainda, por meio desse confronto — e tomando para modelo o paralelo que sempre se fez entre o mundo antigo (greco-romano) e o dos povos romano-germânicos — fixar as formas típicas e os estádios, bem como as próprias leis internas de desenvolvimento da vida das diferentes culturas (contemplação *morfológica* das culturas). São estas as tentativas e formulações de problemas que surgem na obra de muitos historiadores, sociólogos e pensadores da história, no número dos quais devemos incluir SPENGLER. A obra deste, com efeito, nada mais representa do que precisamente uma tentativa desta natureza para a construção duma *Monadologia* de Culturas absolutamente fechadas em si mesmas, caminhando para o seu próprio «destino», impelidas por forças contidas no seu âmago, mas condenadas por uma lei fatal a declinarem e a morrerem. Tendo partido de considerações críticas sobre a sua época, foi esta a doutrina que SPENGLER lhe ofereceu também à discussão. E justamente por isso — por virtude da talvez exagerada importância que se atribuiu àquele problema fundamental da Filosofia da História — é que hoje as grandes interrogações relativas à continuidade dos factos históricos, à conveniencia de certos felizes regressos ao passado, ao eternamente vivo na história e ao papel da liberdade humana e dos seus anelos de futuro nos momentos de crise e decadência, voltaram a ser tratadas pelos pensadores com tão grave seriedade de métodos.

138 A FILOSOFIA NO SÉCULO XX

E notemos por fim: com todos estes esforços realizados hoje-em-dia nos domínios da Filosofia social e da história, corre ainda parelhas um apaixonado e hercúleo esforço no sentido de conseguir fazer também plena luz na interpretação filosófica da nossa própria época actual.

Sem dúvida, esta *crítica da contemporaneidade* tornou-se — desde que Rousseau destruiu a confiança do homem moderno em si mesmo e desde que Fichte fez a crítica do Iluminismo — um tema inadiável para o pensamento filosófico. Além disso, também a crítica radical da Cultura europeia e essa poderosa invocação do futuro, feitas por Nietzsche, não constituíram, sabido é, uma menos poderosa contribuição para o mesmo resultado.

Principalmente depois da comoção da Primeira Grande Guerra que, como se sabe, abalou até às suas raízes o sentimento da vida europeia, pode dizer-se que o profundo exame de todas as bases do nosso ser e de toda a nossa situação no presente — tanto no aspecto social como no político, no cultural como no religioso, se converteu numa inadiável e constante exigência para muitos pensadores dos nossos dias. Klages, Spengler, Scheler, H. Chamberlain, Moeller van der Bruck, Rosenberg, M. Weber e Jaspes, na Alemanha; Sorel, na França; Evola, na Itália; Ortega y Gasset, em Espanha, para só falar de alguns, têm, com efeito, trabalhado neste grave tema — embora, como é natural, em campos muito diferentes, seguindo problemáticas muito diversas e chegando, por vezes, a resultados também diversíssimos. Indiscutível é que esses e outros homens são quem tem procurado fazer inteira

O HOMEM E A HISTÓRIA 139

luz sobre as «bases espirituais da nossa contemporaneidade».

Numa palavra, e com ela. terminamos: são a reflexão filosófica e a intuição da existência que hoje são chamadas, mais do que nunca, a colaborar intensamente e com plena responsabilidade no processo da autocriação histórica do homem e na preparação do seu futuro.

FILOSOFIA VITALISTA
E METAFÍSICA (¹)

As considerações que neste estudo apresentamos ao leitor pretendem ser mais uma contribuição para o esclarecimento da «situação filosófica» do nosso tempo. Este é, pode dizer-se, uma época que, tendo visto ruir numa larga frente os velhos alicerces da antiga filosofia, anda, há algumas dezenas de anos, empenhada na construção de outros novos.

Dois factos capitais atestam a grande transformação operada no modo de pensar e nos hábitos mentais do século xix. Um é o *restauro da Metafísica*; outro o aparecimento da moderna *Filosofia vitalista* ou Filosofia da Vida *(Lebensphilosophie)*. O primeiro constitui um facto geral, ou um movimento geral europeu. Dirigido contra o *Positivismo* e a chamada *Filosofia científica*, compreende principalmente os esforços, já com algum êxito tentados até aqui, para conquistar

---

(¹) *N. T. Lebensphilosophie und Metaphysik*, in *Blätter für deutsche Philosophie*, vol. x, cad. 4 (1937). Este estudo constitui uma lógica continuação e complemento do trabalho anterior sobre a *História da Filosofia no século XX*, especialmente referida às modernas correntes da filosofia nèovitalista e da metafísica empírica, com predomínio da mesma visão panorâmioa e crítica. Por isso julgamos oportuno incluí-lo nesta nova edição do primeiro estudo.

as bases de uma nova Ontologia. O segundo, o *Vitalismo*, é o título genérico hoje dado a todo um conjunto de modos de pensar e a uma série de pensadores, dos quais os mais notáveis são, como se sabe, na Alemanha NIETZSCHE e DILTHEY, em França BERGSON.

Devemos notar, porém, desde já que ambas estas designações — *Nova Metafísica* e *Filosofia vitalista* — são em extremo ambíguas e plurisignificativas. Onde quer que tenhamos de tomar posição a favor ou contra a Metafísica, a primeira coisa a saber é o que se entende hoje por esta expressão. E se tentarmos fazer luz sobre este ponto, averiguando a pluridade de significações que este tão discutido vocábulo hoje assume, logo encontraremos elementos bastantes para com eles esclarecer a situação filosófica do nosso tempo. Por outro lado, são também profundamente divergentes no sector da Filosofia vitalista não só as personalidades dos distintos pensadores que a representam como as diferentes maneiras como eles vão afinal procurar nessa «vida» o ponto de arranque para o seu filosofar; e isto muito embora, no interesse da unidade de tal corrente filosófica pareçam ignorá-lo tanto certas obras de simples exposição, como por exemplo, o excelente trabalho de PH. LERSCH) como outras consagradas à sua refutação, de que é paradigma o conhecido estudo de H. RICKERT. E esta complicação subirá de ponto se considerarmos ainda — como aliás nos parece de toda a necessidade fazê-lo — o *Pragmatismo*, pelo menos nas suas tendências mais profundas, e a *Filosofia existencialista*, como constituindo também duas correntes secundárias dentro deste vasto movimento de ideias.

FILOSOFIA VITALISTA E METAFÍSICA 143

Eis-nos portanto diante de duas coisas com vários significados. Primeira dificuldade. E como se isto não bastasse para dificultar o esclarecimento da situação, eis-nos ainda diante de uma segunda dificuldade que consideravelmente agrava a primeira: a Filosofia vitalista, por um lado, *volta-se contra a Metafísica.* Basta lembrar aqui os nomes de NIETZSCHE e de DILTHEY. Por outro lado, *dá-se ela própria como uma Metafísica;* baste recordar o nome de BERGSON.

De aqui deve concluir-se que é preciso proceder neste ponto com muita cautela se quisermos fazer alguma luz nesta questão. Haverá assim, primeiro que tudo, que separar, com o maior rigor possível, várias coisas, e que evitar perder de vista certas delicadas e subtis conexões de muitos problemas, ou seja, a linha indecisa que muitas vezes mal os separa e através da qual eles aliás mutuamente se invadem. Dito de outro modo: trata-se de não nos contentarmos com simples definições formais nem com meras distinções de palavras. Trata-se, em suma, de trazer à plena luz do dia os principais pontos sobre que incide a atenção da nova filosofia, e de dizer quais os grandes temas concretos que ela aborda, quaisquer que sejam as designações e os títulos com que estes aliás se acobertam.

Uma coisa, porém, há que declarar desde já. Na base de todas as nossas considerações a este respeito está a convicção de que a Filosofia vitalista, de que aqui falamos, é uma Metafísica, mesmo quando pretende apresentar-se-nos como antimetafísica. Na sua essência, trata-se sempre de uma Metafísica, justamente no sentido dado hoje a esta expressão dentro do movimento que está procurando renová-la, embora distanciando-se, como é natural, do conceito da velha Metafísica clássica. Isto equivale a notar ainda que a Filosofia vitalista mantém assim com esse movimento, uma frente comum contra a filosofia do século XIX: contra o seu Naturalismo e contra a sua Filosofia científica. Não se limita a isto, é certo; devemos-lhe também um considerável aprofundamento e alargamento da problemática do conhecimento (no que respeita a uma gnoseologia fundada na «vivência», na «intuição» e num certo «compreender», distinto do «perceber» conceitualmente), sendo até este aspecto aquele que mais se destaca em certas exposições contemporâneas da sua doutrina (como a de LERSCH). Mas, seja como for, ela é também uma Metafísica e como tal são as suas credenciais que teremos de pôr aqui especialmente à prova.

Mas dizendo isto, devemos também desde já notar mais o seguinte: precisamente como Metafísica, ao partir do tema «vida», e ao pretender abranger neste tema todos os problemas e domínios filosóficos, é que surge para ela o maior perigo e se levantam as mais graves dúvidas. O seu conceito de *«vida»* não tarda em assumir, assim, um alcance universal semelhante ao do conceito de *«razão»* na filosofia do Idealismo alemão. Ora não poderemos deixar de denunciar aqui o que a Filosofia vitalista justamente tem de insuficiente neste aspecto para nos poder satisfazer, nem os inevitáveis exclusivismos e desfigurações da realidade a que conduz, logo que pretende atacar os verdadeiros temas da Metafísica. O intuito da nossa crítica será, acima de tudo, o de projectar toda a luz

FILOSOFIA VITALISTA E METAFISÍCA 145

possível sobre os temas da investigação, perante os quais, mais uma vez, se acha a filosofia contemporânea; e principalmente sobre as grandes questões metafísicas que mais caracterizam a actual situação espiritual.

I

Toda a Filosofia vitalista toma para seu ponto de partida o *homem* na auto-experiência que ele tem da sua *vida humana.* É injusta a acusação, que já lhe tem sido feita, de «biologismo», com a qual o velho Idealismo julgava poder refutá-la num abrir e fechar de olhos. Por muito que, nas suas construções de ideias, certas novas perspectivas colhidas no mundo orgânico, e certas extravasões de forças vitais nos domínios da consciência e do espírito tenham desempenhado importante papel, a verdade é que a sua visionação fundamental das coisas biológicas é sempre tomada a partir só da experiência da vida humana. E nisto precisamente está o principal mérito da Filosofia vitalista: ser mais um rude e triunfante golpe vibrado nos hábitos mentais e preconceitos do século XIX, para o qual o homem não existia como totalidade viva e antes se achava diluído, já nos complexos mecanismos das leis naturais (no Naturalismo de todos os matizes), já nas idealidades da razão ou de uma consciência absoluta (como no Idealismo neokantiano, na primeira fase da Fenomenologia, ou em qualquer outro idealismo). Pelo contrário, o homem tomado na dimensão da sua *existência concreta* volveu-se no tema inicial e central para esta filosofia. Mas isto já equivalia, de

146   A FILOSOFIA NO SÉCULO XX

facto, a retomar um velho tema da Metafísica, embora noutras bases. Era o mesmo que retomar esse tema no terreno de uma auto-experiência com assás autonomia e de uma análise da existência, feita com base numa total auto-compreensão pessoal e histórica do homem, em vez de feita, à moda antiga, por simples dedução e pela situação da essência do «bípede implume» dentro do equema de qualquer Metafísica prévia, quer a de um *Cosmos* anterior, quer a de um «reino de Deus», quer a de um «espírito-universal». E nisto precisamente a Filosofia vitalista, como já dissemos, se encontra com a nova Metafísica dos nossos dias, cujos esforços nas últimas décadas têm justamente ido abicar também numa nova antropologia filosófica, ou seja, numa renovação da questão da *«posição do homem no Cosmos»* — embora de um homem entendido como ser unitário e real totalidade, dados na experiência concreta da realidade, e em oposição a todas as restantes visualizações e perspectivas parciais que dele nos dão as diferentes ciências.

Pois bem: se este é o principal mérito da Filosofia vitalista a inscrever no seu activo, há que ver agora, por outro lado, num ponto de vista mais crítico, quais os seus lados negativos e pontos fracos que nela logo se revelam, ao menos sob a forma de certas tendências, e para as quais especialmente queremos chamar a atenção do leitor.

A primeira e mais grave tendência da Filosofia vitalista, comum a todas as suas várias correntes, é a tendência para fazer deste tema do homem o tema único ou, pelo menos, o centro dominante de toda a filosofia. Por outras palavras: o velho domínio, o maior,

FILOSOFIA VITALISTA E METAFÍSICA 147

da Metafísica clássica — a *Cosmologia* — é ou totalmente sacrificado ou absorvido no reino do *hominal*.
O tema «mundo», digamos — como tema autónomo,
e o do *todo* da realidade no seio da qual o homem
se encontra ao lado de muitas outras coisas — é assunto
com que não se preocupa ou de que não se ocupa devidamente esta filosofia.

É isto o que se passa, por exemplo, com a filosofia
vitalista de DILTHEY e suas derivações. Como se
sabe, DILTHEY define a filosofia como uma «acção
que faz elevar a vida à consciência e a pensa até
ao fim». O resultado é que será impossível, portanto, uma «metafísica que pretenda exprimir vali-
damente em conceitos a arquitectura do universo».
Isto é: «esta arquitectura, construída pelo homem
exclusivamente para uso das suas ielações com a
vida», passa a ser tratada por esta filosofia «como se
não possuísse nenhuma espécie de objectividade independente dessa mesma vida». E assim, no próprio
DILTHEY, a arquitectura da vida *(Lebenszusammenhang)*
que é o seu grande tema, passa também a substituir-se
a toda e qualquer possível ideia de uma-arquitectura
do universo *(Weltzusammenhang)*, significando aí a
expressão «mundo», sempre que é usada, quase só o
«*nosso mundo*», ou seja, o mundo histórico-social que
o homem vive e constrói para ele próprio.

Evidentemente, isto é mais do que uma simples
precedência dada a um tema sobre outros em razão
da situação histórica da época. É, positivamente,
uma forte tendência, prenhe de consequências, para
escamotear o «mundo», fazendo-o desaparecer dentro
da imanência do «complexo-vida». DILTHEY intue e

compreende esta «vida» como simples «totalidade de referências» que já captasse o homem dentro desta unidade fundamental chamada por ele *«mundo»*. Considera os «objectos» meramente «parte ou elemento constitutivo das *nossas* «vivências», como alguma coisa que pertence já à «própria vida», e não hesita em nos descrever a realidade como se esta não fosse mais do que a *«simples relação vital entre impulso e resistência»*. O mundo não passa de um dos dois polos dentro desta unidade de tensão que é a vida. Para o pensador nada mais existe do que um «αὐτό», um «si-mesmo» *(ein Selbst)* integrado num conjunto de circunstâncias. O mundo propriamente dito, porém, no seu específico ser em si mesmo, esse desapareceu!

E, perguntaremos agora: que é isto tudo afinal senão uma continuação daquela antiga filosofia da chamada *«imanência da consciência»* transportada para um terreno novo? Que é isto senão aquele mesmo *Idealismo da consciência* que só concebia o «ser» como «objecto», o mundo como uma totalidade de dados que nos aparecem, e finalmente a realidade como uma simples «categoria» do pensamento que pensa? No lugar da velha tese, de que não é possível ir mais para além da «consciência» (considerada na sua estrutura e na objectividade dos seus fenómenos), vem a achar-se agora a nova tese, segundo a qual não podemos também ir mais para além da «vida», da qual a consciência não é senão simples manifestação.

Notemos, porém, uma coisa. Aquela primeira tese, a do «Idealismo da consciência», que se conseguiu manter tão vivaz e por tanto tempo, só era viável na base de um espiritualismo metafísico. Os seus

FILOSOFIA VITALISTA E METAFÍSICA 149

argumentos dirigidos contra um «ser», independente, do mundo, ou a «coisa em si» (a *Ding an sich*), só conseguiam ter eficácia na medida em que se mantinha a crença (derivada de determinada interpretação filosófica das concepções religiosas do Cristianismo) de que a relatividade do mundo e do seu sentido sempre era afinal uma relatividade referida a qualquer coisa de absoluto: ou um ser e sentido vitais, ou o de uma «alma», ou o dum «reino do espírito», ou o duma «razão activa», ou o dum «espírito absoluto». Mesmo em KANT, como se sabe, encontram-se certos pressupostos ontológicos de idêntica natureza por trás do seu Idealismo transcendental e dos seus argumentos. E inclusive ainda na chamado Idealismo da «consciência pura» (da *Bewusstsein überhaupt)* dos neokantianos, ou da Fenomenologia, lá se encontram também, embora dissimulados e diluídos, os mesmos pressupostos, constituindo uma espécie de Metafísica *latente* e oculta, uma *Cripto-metafísica*, de índole espiritualista.

Mas esta Metafísica espiritualista e o modo como ela aproveitava certa concepção religiosa e teológica do Ser para uma interpretação filosófica da Realidade, desapareceram, segundo cremos, por completo, até aos seus últimos resíduos de natureza filosófica ou teorético-científicos. Hoje, não há dúvida de que a específica realidade, tanto do ser *não espiritual* como do *não psíquico*, se acha de novo reivindicada e estabelecida, como algo de insofismável, para a consciência filosófica da realidade em geral. E então pergunta-se: pode, depois disto, a Filosofia vitalista ter ainda o direito de tentar fundar uma nova imanência, quer da vida quer das nossas vivências, pura e simplesmente?

150 A FILOSOFIA NO SÉCULO XX

Isto equivaleria a dar como realidade ôntica absoluta a «vida da humanidade», o próprio homem; seria o mesmo que fazer disso — homem e vida humana — um absoluto. E com efeito, não é outra coisa o que pretende a Filosofia vitalista com aquele seu «complexo de vida» *(Lebenszusammenhang)*, ao dar-no-lo, precisamente, não como uma simples abstracção, pairando no céu dos «objectos ideais» (como a «consciência transcendental» dos neokantianos) mas como um «complexo de significação metafísica» (segundo o mesmo DILTHEY se exprimiu), isto é, como uma realidade temporal e uma totalidade do Ser. E aí está justamente onde reside o sentido desta nova problamática: o ser essa Filosofia mais um golpe desfechado tanto contra o Idealismo abstracto duma consciência intemporal como contra a absolutização do mecanismo das leis naturais da filosofia popular e pseudo-científica do século XIX. Mas, por outro lado, se aqui estes novos domínios de um ser e de uma experiência autónomos da «vida» voltam a ser absolutizados, erigidos em algo de absoluto, eis mais uma vez também tal tentativa condenada a um fracasso. Os velhos argumentos em favor da tese imanentista acham-se aqui também condenados a fracassar. Sabe-se que aquilo que SCHOPENHAUER, situado no terreno do Idealismo, a princípio julgava ser uma última e insolúvel antinomia — o «mundo da representação» como plasmação do «intelecto» através do jogo das suas formas, e, por outro lado, o mundo como experiência da realidade e conhecimento do ser, tudo isso só existindo e actuando (consciência e intelecto, alma e espírito) sobre a base da vida orgânica; bem como esta, por sua vez, só existindo na

FILOSOFIA VITALISTA E METAFÍSICA

forma de um mundo material e espacial) — não pôde deixar de ser fatal para toda e qualquer concepção imanentista da realidade. Por demasiado tempo deixou a Filosofia entregue nas mãos do mais grosseiro Naturalismo a missão de refutar tais pontos de vista do homem moderno que aliás lhe pareciam a própria evidência científica.

Não: é preciso remontar para trás da vida. Para aquém e para além dela existem e persistem domínios ônticos sobre os quais, evidentemente, a sua realidade (mesmo que tenhamos de admitir aqui um último e irredutível fenómeno) tem de assentar. Quem diz «mundo», diz um ser em si e para si, mais compreensivo que toda a vida. Toda a negação de um «ser em si mesmo» *(an sich)* ou toda a afirmação de que o mundo só seja *nossa representação*, sossobram perante aquele facto fundamental. Precisamente, porque «mundo» é mais e coisa diferente que um simples complexo de «circunstâncias» relativas a um «sujeito», por isso é que ele não pode deixar de constituir para nós um tema especial da Filosofia: duma Filosofia do *ser* e do *sendo*, e portanto duma Metafísica, para além da vida.

O facto de a Filosofia vitalista no género da de DILTHEY julgar possível liquidar a Metafísica como construção conceitual do mundo, como fenómeno histórico, explica-se, em última análise, pela identificação que se estabelecera entre a Metafísica e a religião como Teologia, nos termos em que a fazia o Positivismo (embora numa outra interpretação), e que prevaleceram até hoje na história da primeira. Para ambas, porém, propôs DILTHEY a seguinte conversão: trocar as suas

152 A FILOSOFIA NO SÉCULO XX

pretensões dogmáticas a dizerem-nos algo de válido com objectividade acerca dum *ser em si mesmo* (quer este se chame mundo ou Deus), por um *misterioso* conceito de «vida», manifestando-se num sempre inesgotável jogo de novas criações espirituais: de mitos, de símbolos, de religiões e de concepções-do-universo.

Simplesmente: o que o filósofo das religiões, DILTHEY, ainda poderia fazer com respeito ao Deus da crença vulgar (integrando, segundo o exemplo de FUCHTE e de outros, o *facto numinoso* no quadro das projecções da vida religiosa do homem) não o podia de modo algum fazer a respeito do mundo da nossa experiência da vida e das ciências. O ser desse mundo como um *ser em si mesmo*, não pode o homem, colocado no domínio da experiência, negá-lo. Para isso não basta tão pouco a nossa experiência histórica da anarquia dos sistemas metafísicos construídos pelo homem, nem o conhecimento que temos dos seus exclusivismos, nem ainda o da dependência em que eles se encontram perante as circunstâncias da vida em cada momento. Metafísica, como objecto de um saber algo acerca do mundo e da realidade, não se esgota de modo algum na simples série de movimentos e manisfestação da vida. Pelo contrário, a multiplicidade e até oposição dos sistemas metafísicos entre si, como já HEGEL notou, não nos dão apenas testemunho duma infinita pluralidade de lados e aspectos da vida, no sentido pretendido por DILTHEY a respeito das religiões e concepções do mundo , mas, antes de tudo mais, duma infinita pluralidade de lados e aspectos de um ser, que é o do próprio mundo, o qual por isso mesmo jamais se deixará por nós apri-

FILOSOFIA VITALISTA E METAFÍSICA 153

sionar dentro dum «sistema unitário de conceitos».
Toda a fuga que tentemos perante tal tema, a
tender para uma *imanência* do «complexo vital»,
com pretensões a achar aí o último e derradeiro termo
(e não apenas um primeiro) para uma interpretação
da realidade, não passará de mera deserção ou
duma inadmissível e infundada mutilação do tema
metafísico. Por outras palavras: será também Metafísica, embora uma metafísica no pior sentido desta
palavra; isto é, o de uma construção *monista* com
total desconhecimento do que há de múltiplo no
arcaboiço da Realidade.

Sem dúvida, esta tese imanentista de um *panvi-
talismo* ou *pambiotismo* não se acha de modo algum
dogmaticamente formulada em DILTHEY, nem tão
pouco nos posteriores desenvolvimentos da sua Filosofia da Vida. Mas é preciso não ignorar quanto ela
tem dominado. E para dar um outro exemplo de
Filosofia vitalista no sentido lato da palavra, conviria
averiguar se a «Ontologia da existência» *(Dasein)*, de
HEIDEGGER, será uma *Ontologia fundamental* apenas
no sentido metodológico de uma primeira tentativa de
acesso à realidade, ou não o será porventura no de
uma existência do homem como *único fundamento
possível* para uma contemplação filosófica do *ser* e do
sendo (do *sein* e do *seiend*).

No primeiro caso, teríamos um simples «princípio» ou *ponto de partida* para a investigação, pouco
mais ou menos como o do «*cogito*» carteseano, do qual
se passou mais tarde para a realidade em si do mundo
do espaço e da matéria, sem a pretensão de dar esse
ponto de partida como o único possível. Seria apenas um

154 A FILOSOFIA NO SÉCULO XX

começo de orientação no meio dos dados imediatos, na plenitude do fenoménico e da imediatidade da vivência. Neste caso ainda, uma tal preferência a tudo centrar em torno da «vida» não significaria outra coisa senão uma metodologia especial, uma outra via de acesso, para conseguirmos chegar até à posse da realidade total, mas diferente daquele outro conceito de realidade total, de realidade e de mundo, que nos dava o idealismo científico. O fim em vista seria também o de edificar, se fosse possível, uma nova filosofia da realidade e da vida, conforme disse o próprio DILTHEY, ao dizer-nos na conhecida frase — «outrora tentava-se apreender a vida, partindo da realidade do mundo; hoje, reconhece-se que esta última *só* pode ser apreendida partindo-se da realidade da própria vida». Aqui apenas o adverbio *só* seria discutível e não já a legitimidade do caminho seguido, desde que não seja exclusivo.

No segundo caso, porém, se a *«Ontologia fundamental»* heideggeriana dever ser tomada como fundamento e esquema únicos para toda a contemplação filosófica do ser, encontrar-nos-emos então diante de uma hipótese totalmente diferente. Então «mundo» já não significará mais do que um elemento dentro das circuntâncias e referencialidades vitais próprias do *«in der Welt sein»* de cada existência. Deste mundo mesmo o filósofo não poderia mais falar senão no sentido de um mundo só de *«cada um de nós»*, desta ou daquela pessoa, como já uma vez, inclusivamente, foi dito sem rodeios na Metafísica personalista, no final da *Ética* de MAX SCHELER. Mas então teremos diante de nós ainda uma simples continuação, sob nova forma, daquele mesmo conceito de «mundo» da Metafísica de Berkeley ou Fichte; isto é, uma atitude mental e concepção antropocêntricas de mundo para as quais, porém, hoje nos faltam todas as bases. Teríamos de nos esquecer daquela grave advertência que Nietzsche uma vez exprimiu, ao dizer-nos que, desde Copernico, o homem nada mais tem feito do que afastar-se cada vez mais do centro do Cosmos. E é evidente que a reacção contra este desconhecimento dos direitos da «vida», em que incorreram tanto a «razão» e o pensamento abstracto do Idealismo como a «natureza» impessoal e fria do Positivismo, não pode nem deve ir tão longe.

II

Desconhecimento do *ser* do «mundo», ausência de toda a relação filosófica positiva com a natureza e a realidade espacial e material, isto é, com o «mundo externo», no sentido da antiga problemática dos conteúdos da nossa consciência, eis aí a primeira e insofismável tendência da Filosofia vitalista que é preciso reconhecer.

Mas com esta primeira tendência imanentista, de que acabamos de falar, acha-se associada uma segunda (pelo menos no vitalismo diltheyano) não menos característica desta Filosofia. Esta é a sua tendência para um conceito metafísico de vida como se esta se se desdobrasse, ao mesmo tempo, em *ser* propriamente dito e *sujeito*, e do qual só tomássemos consciência mediante um íntimo contacto ôntico, por meio duma espécie de intuição directa e imediata da realidade. Tocamos aqui um dos velhos motivos da Metafísica clássica, já conhecido na *monadologia* ontológica de Leibniz e na interpretação do mundo de Schopenhauer, ao partir de uma íntima experiência da nossa vontade e do nosso próprio corpo. A Filosofia vitalista, arrancando de uma nova auto-experiência da vida humana (principalmente da existência humana histórica), pretende, com efeito, ver na natureza — precisamente o ídolo da filosofia científica, única coisa que interessou os materialistas — o elemento filosoficamente menos relevante da nossa experiência. A natureza é, por assim dizer, justamente o que no *ser* há de mais exterior, de menos relevante *(das blosse Aussen)*, que terá de permanecer sempre para nós estranho e incompreensível, como simples «dado» que aí está, e no qual teremos sempre de tropeçar. Por isso, tenta relativizar quanto possível esse *ser*, como o mais refractário e irrelevante no arcaboiço da realidade; retoma-se a teoria kantiana do *«fenómeno»*, esquecendo-se os seus pressupostos espiritualistas e metafisicos. A natureza é apenas a esfera onde se projecta o nosso poder objectivador de captação das coisas, a nossa faculdade *coisificadora* da realidade, e onde as ciências naturais irão levantar o seu edifício, construindo os «objectos» com a ajuda dos numerosos elementos ideais do pensamento. Enquanto que a vida a si mesma se possui e auto-compreende, se auto-intui na sua realidade imediata, a natureza, essa, é sempre mero teatro ou *écran* de projecções *(Erscheinungsfeld)* sobre o qual apenas se apreendem sombras, fantasmas, mas jamais o ser.

O mundo «como representação» toma o lugar do mundo «como ser». O velho subjectivismo (como ainda

FILOSOFIA VITALISTA E METAFÍSICA   157

o dos neokantianos e o da primeira Fenomenologia)
alastra assim para o campo metafísico. Temos um
caso bem nítido disto quando SPENGLER, por exemplo,
decreta que a natureza e a história somente signi-
ficam uma escala de possibilidades, possuindo, quando
muito, os caracteres de um mundo extrínseco, mero
reflexo e manifestação do ser verdadeiro. Esquece,
porém, que todo o *ser* só consegue conquistar para si
a nota de *existente* na base de um seu prévio decalque
sobre a realidade natural e material. Quer-se maior
hipostasiação de um conceito de «vida», automanifes-
tando-se e estruturando-se a si mesma, do que a que
se dá naquela metafísica das chamadas «almas-de-cultura» *(Kulturseelen)* de SPENGLER ?

E no mesmo sentido se definem as conhe-
cidas tendências provindas do *Pragmatismo*, que do
mesmo modo invadiram por vários lados o sistema
de ideias da Filosofia vitalista. Consistem estas em
relativizar, referindo-os a determinadas atitudes e
necessidades da vida humana (dos tempos modernos),
todos os enunciados acerca da realidade, das Ciências
naturais. Uma tal relativização constitui, sem dúvida,
uma feliz e oportuna reacção contra as prosápias do
«cientismo filosófico» do século XIX, tanto de base positivista como idealista, e contra a inadmissível estreiteza do seu conceito de realidade; bem como ainda,
e mais exactamente, contra aquele jeito da especulação exclusivamente «quantitativa» que pretendia
reduzir a mero efeito subjectivo todas as qualidades e
valores. Mas, por outro lado, como reverso da meda-
lha, quanto de injusto descohecimento dos resultados
espantosos, teóricos e práticos, bem como do signifi-

158 A FILOSOFIA NO SÉCULO XX

cado ontológico das ciências da natureza, não vai ai incluído? E quem poderá duvidar de que estas constituem hoje um campo gigantesco do nosso melhor saber acerca do *ser* e da realidade? Como poderia tudo isso vir a ser de novo bagatelizado ou desconhecido no nossso trabalho de invesgigação filosófica acerca do mundo?

Ora justamente neste ponto é que reside, falando em termos de uma Ontologia geral, o enorme mérito da moderna Gnoseologia das ciências: ter ela com os seus processos de conhecimento penetrado em domínios do ser e em formas de acontecer não só estranhos à nossa essência humana, mas que, inclusivamente, são e permanecerão sempre para nós ininteligíveis «a partir» de nós mesmos. E este é um importante elemento para a determinação do significado existencial do conhecimento. Tal elemento consiste no facto de, assim, um determinado ser, de uma determinada espécie e numa certa posição (o homem), conseguir dilatar e desenvolver a sua característica maneira de ser e de existir, para lá de tudo aquilo que lhe é estranho e dele tão totalmente diverso — diferentemente do que se passaria com alguém que se achasse colocado só diante da sua própria existência real ou apenas possível. E eis por que na história do pensamento e do desenvolvimento incessante das ciências a progressiva substituição das nossas concepções do ser — formadas e decalcadas a partir de nós próprios e da nossa vida (como, por exemplo, no caso das interpretações teleológicas ou finalistas) — por outras novas, extraídas da descoberta das próprias estruturas da realidade extra--humana e estranha ao homem, será sempre um facto capital digno de registo.

FILOSOFIA VITALISTA E METAFÍSICA 159

O nosso conhecimento filosófico e a nossa interpretação do mundo, a Metafísica, deixaram-se ficar,
a este respeito, consideràvelmente para trás das ciências, convertendo-se assim aquela, se nos é lítico dizer,
num foco de reacção. Mais: com este desconhecimeno
do significado ontológico dos nossos «saber» e «perceber»
no domínio das ciências naturais (embora este último
não seja o mesmo que «compreender»), forneceram-se,
inclusivamente, novas armas ao mais grosseiro dos
materialismos. E contudo é aqui, na exploração
ontológica de todas as conquistas e particulares maneiras
de ver das ciências exactas da natureza, que deve estar
a grande missão da Metafísica do futuro. Essa missão,
porém, só poderá ser cumprida se esta Metafísica souber
lutar contra a tradição positivista. tão pertinaz ainda
nos nossos meios cientistas-filosofantes, que continua a
querer reduzir à categoria de simples conceitos instru-
mentais de um pensamento só ordenador de «fenómenos» todo o conteúdo ôntico dos princípios das
diferentes ciências. Por o não ter ainda conseguido,
é que nos encontramos diante deste paradoxo tão característico da actual situação: enquanto que, por uma
banda, uma multidão cada vez maior de cientistas se
vem dedicando, desde o começo dos tempos modernos, com apaixonado interesse, ao estudo e investigação do ser da natureza (o mais extra-humano,
alheio ao homem e quase desumano de todos os
estratos do ser), verifica-se, por outro lado, que todo
este *amor pelo ser*, toda esta dedicação às estruturas
ônticas, cada dia mais patenteadas, da matéria inorgânica, na riqueza da sua organização e diferencia-
ções, afinidades e conexões, — filosoficamente, só afinal

têm achado expressão nos sistemas do Materialismo. E isto a tal ponto é assim que onde quer que uma outra atitude venha a definir-se (como, por exemplo, na Metafísica do Realismo inglês dos nossos dias) logo a suspeita e acusação de «naturalismo» não tardam em levantar-se contra ela.

Esta é pois uma *esfera do ser* que a Filosofia vitalista dos diferentes matizes, dada a sua posição fundamental, deixa de tomar na devida conta, oferecendo à crítica o mesmo flanco que outrora lhe ofereciam os sistemas da Metafísica espiritualista e idealista — geralmente gerados só como resposta às atitudes materialistas — vendo na natureza e na matéria apenas o campo de acção e manifestação do espírito do homem. Mas isto nada mais é do que uma outra manifestação da mesma tendência, de que já falámos, para afinal subestimar ou omitir o tema cosmológico da natureza e do mundo exterior.

O mesmo poderia dizer-se também da propensão desta Filosofia para partir de um conceito de vida de tal modo universal, que não só faz abranger dentro dele a totalidade do ser orgânico como ainda a realidade do inorgânico interpretado como produto ou derivação da vida. A manifestação mais conhecida deste modo de pensar está sobretudo patente na doutrina de BERGSON sobre o *élan vital* e a *evolução criadora*, com a sua «precipitação» e «queda» através das formas espaciais da matéria. Não tratemos agora do mundo orgânico. Reconhaçamos que a Filosofia vitalista alcançou neste domínio não pequenos títulos à nossa admiração, através principalmente da nova postura filosófica desta questão e dos êxitos obtidos

FILOSOFIA VITALISTA E METAFÍSICA 161

no combate contra o dogmatismo mecanicista aliás ainda não terminados. Reconheçamos mesmo que foram aí abertas novas e numerosas vias de acesso para uma Ontologia da vida orgânica e para uma Antropologia filosófica. Fixemos apenas o que com ela se passa a respeito da natureza e do mundo inorgânicos nas suas tendências (aliás hoje já generalizadas para fora da própria Filosofia vitalista) para colocar a «vida» na base de toda a sua interpretação e concepção do mundo.

É, porém, indispensável notar que todas as tentativas neste sentido, por muito tímidas e hipotéticas que se apresentem, não podem deixar de ser consideradas absolutamente inactuais e, mais uma vez, expressão de uma Metafísica no pior e mais grosseiro sentido desta palavra, hoje totalmente rejeitado por estar em conflito com a actual situação científica a que chegámos ao cabo de séculos. Neste domínio encontramo-nos, desde DESCARTES, pode dizer-se, sobre terreno novo. Sem razão se tem pretendido ver na filosofia carteseana apenas uma nítida linha de separação entre o físico da matéria *(res extensa)* e o psíquico-espiritual da *res cogitans,* que a problemática filosófica através de séculos tinha já admitido e amplamente definido. A verdade porém, é que, olhando ao fundo das coisas, uma idêntica linha de separação entre a matéria inorgânica e o princípio vital, embora não chegasse a dar todo o seu rendimento por virtude da simplificação racionalista, estava do mesmo modo já aí em gérmen, com idêntico importante significado, na sua maneira de tratar os princípios do ser. Foi, sem dúvida, um grave erro científico do *Mecanismo* do século xix (como já do próprio DESCAR-

11

162 A FILOSOFIA NO SÉCULO XX

TES) pretender atenuar, quando não negar, a realidade *sui generis* da vida orgânica, no intuito de permitir uma compreensão mais simples e homogénea do mundo dos corpos no seu conjunto. Mas não menos grave é o erro moderno de pretender interpretar e compreender a natureza, também no seu todo e nos seus mínimos elementos, como vida orgânica ou como torrente de «vida», da qual o mundo inorgânico da matéria representasse apenas rígida coagulação no espaço; como se a astronomia, a física e a química nos não dessem mais que mero aspecto extrínseco duma realidade dotada já em si mesma de vida.

Tal pensamento admitia-se e podia ter ainda algum sentido em épocas de uma ingénua concepção *hilozoista* e *panvitalista* do mundo, como foram as dos primeiros presocráticos e mais tarde as que se lhes seguiram até à filosofia naturalista da Renascença. Admitia-se ainda — embora fosse já aí menos explicável — na Metafísica da época moderna e na base de um espiritualismo de origem religiosa, até à filosofia natural do Idealismo alemão com a sua doutrina de uma vida do Espírito, pensada como «alma do mundo», vendo na matéria um começo de autoorganização e na natureza o processo de desenvolução dum espírito e duma vida que se realizam. Mas querer hoje fundar uma nova Metafísica nesta base e respeitar ao mesmo tempo os actuais dados das ciências, seria pretender construir castelos no ar. Só uma fantasia romântica, enamorada do passado, ou uma especulação alheada de toda a ralidade poderiam, com efeito, tentar hoje interpretar como autêntica «vida» o imenso mundo das realidades da astrononia, da geologia, da física e da química, por

FILOSOFIA VITALISTA E METAFÍSICA 163

mais rica e sugestiva que essa construção pudesse ser.
A *Metafísica da Vontade*, de Schopenhauer, foi já,
pode dizer-se, um anacronismo. E quando hoje—embora
em oposição às ideias cartesianas de uma total separação entre o corpo e a alma—volta a fazer-se intensa
luz sobre as afinidades estruturais entre o psíquico e o
orgânico e sobre o facto da unidade da vida psico-
-física no homem e no animal, é preciso ver aí
mais uma razão para manter com o máximo vigor
a autonomia e a separação fundamental de tudo isso
em frente dos modos de ser do inorgânico. O tempo
para esta espécie de «soluções» construtivas, unitárias,
dos *enigmas do universo* passou há muito. Nunca é
demais acentuar que soluções de tal natureza obtidas à
custa de forçadas unificações, de artificiais simplificações
do heterogéneo para o homogéneo, para compreender
a realidade, reduzindo arbitrariamente as fundamentais
diferenças do ser a simples diferenças de grau e de modos
de manifestação, já não podem constituir hoje por mais
tempo o tema de uma Metafísica que pretenda trabalhar sobre o terreno duma experiência científica cada
dia mais larga e profunda. São, pelo contrário, as doutrinas e teorias no género da da «*emergência*», dos realistas ingleses, ou da da «*Ontologia regional*» e das leis
categoriais», de N. Hartmann, as que nos estão hoje
apontando os novos caminhos para a investigação, mais
seguros e cientificamente mais fecundos, conquanto,
no que respeita a soluções últimas, exijindo de nós,
como é natural, uma maior dose de prudência e reserva
críticas.

III

Lancemos agora de aqui um olhar para a posição da Filosofia vitalista perante a Metafísica clássica na sua parte fundamental, a Ontologia. Com isso teremos posto em relevo uma última tendência geral dessa Filosofia. Esta consiste numa marcada posição de hostilidade contra a concepção do *ser* como algo de *estático* (o ser no sentido de PARMÉNIDES) que se tornara tradicional no pensamento ocidental. Uma tal oposição começa com NIETZSCHE. KLAGES e outros acentuaram-na ainda mais. O Bergsonismo é todo ele também uma radicalização dessa oposição. E a antítese de «ôntico» e «histórico» em DILTHEY e YORK é ainda mais um esforço no mesmo sentido. A tendência geral é pois, pode dizer-se, para colocar o conceito de «vida» no lugar do conceito de «ser», e para considerar este último uma simples falsificação da realidade. Certas considerações gnoseológicas contribuem para este resultado: seriam os «conceitos» da inteligência que desfigurariam aqui a realidade da vida, reduzindo-a a um tipo morto de «ser», enquanto que, pelo contrário, para podermos apreendê-la, só a «intuição», a «viência» directa, e a imediatidade da experiência nos dariam a sua posse plena como algo de vivo e real.

Estas antinomias e oposições dão-nos realmente um excelente meio para podermos compreender o ponto de partida da Filosofia vitalista. De facto, foi ela que nos trouxe a clara consciência de que as velhas categorias do pensamento, tais como a de «substân-

FILOSOFIA VITALISTA E METAFÍSICA 165

cia» e a de «coisa» *(res)*, eram insuficientes e, mais que insuficientes, deformadoras, para com elas podermos apreender vastas regiões da realidade. Em vez disso, foi também ela que nos mostrou a importância do *factor-tempo* para tudo o que é vida (de um tempo não puramente quase só quadro espacial) e que nos chamou a atenção para o facto da originária interpretação de «tempo» e «ser» a propósito de tudo o que simplesmente »vive». E é necessário reconhecer que, conquanto o terreno já estivesse também aqui preparado desde o «actualismo» das filosofias de Leibniz e Fichte (Fichte tinha já introduzido a antítese «ser» e «vida» e relativizado o primeiro, reduzindo-o a um conceito petrificado) — e embora também a ideia da fixidez das espécies, em biologia, e a de um congelamento da «razão», das normas e dos valores, no domínio espiritual-objectivo, tivessem perdido muito terreno durante todo o século xix, substituídas pela de uma progressiva e universal *historicidade* da existência humana — é contudo à Filosofia vitalista que cabe aqui o mérito de ter sabido condensar todas essas tendências num tema único, tornando-o objecto de decisivas investigações. Esta filosofia, com a sua nova maneira de ver o problema, veio assim marcar uma nítida posição de hostilidade em face da Ontologia tradicional; e não só contra a Ontologia da Metafísica clássica como contra a que depois foi germinando na base da «lógica transcendental», com todos os exclusivismos da sua inclinação para hipostasiar certas regiões da realidade e certos tipos de fenómenos. E contudo também ela esteve longe de desconhecer ou pretender eliminar a problemática da

166 A FILOSOFIA NO SÉCULO XX

Ontologia. Quando o próprio DILTHEY nos falava em «categorias da vida», sabido é que ele não queria com esta expressão apenas referir-se a simples *formas de captação* do «vivido», mas sim às estruturas objectivas duma certa realidade que se tratava de descobrir. Ele e os outros filósofos vitalistas com isto não fizeram mais, em resumo, do que pôr de novo os fundamentos para uma nova *étape* da investigação ontológica.

Simplesmente: também aqui se ocultava, mais uma vez, o perigo de exagerar esta antítese ou antinomia de «ser» e «vida», dando-lhe uma falsa interpretação: o perigo de ampliar o conceito da segunda a ponto de fazer dele o princípio fundamental de toda a Ontologia. E este perigo tornava-se ainda maior pelo facto da profunda transformação que, desde há alguns séculos, se vinha operando nos nossos conceitos da realidade. Particularmente desde o aparecimento dos grandes progressos das ciências naturais, a partir da época moderna, o aspecto *dinâmico* dos aconteceres, no seu movimento, foi tomando cada vez mais o passo sobre o aspecto do *estático* e da substância dos seres. Indo atrás das ciências, numa progressiva, embora lenta, superação dos antigos hábitos mentais dum pensamento todo estático e abstracto, também a filosofia foi, pouco a pouco, aprendendo com elas a considerar o «devir» (o *Werden)* e o «processo evolutivo» como verdadeiras categorias, carregadas de significações ontológicas, da própria realidade. Um como que novo *heraclitismo*, apoiado nas ciências naturais e em outros domínios da nossa experiência da realidade, foi assim abrindo vitoriosamente caminho através da filosofia.

FILOSOFIA VITALISTA E METAFÍSICA 167

Mas não ainda só isso: uma terceira circunstância actuava no mesmo sentido. Queremos referir-nos agora ao extraordinário vigor com que também a filosofia do nosso tempo, por outro lado, cortou com todas as tradições da velha Metafísica, desde PLATÃO até HEGEL e ainda até mais perto de nós, as quais identificam o verdadeiro «ser» com algo de «eterno», de fixo e de intemporal, de tal modo que todo o devir e transformação não passariam de manifestações aparentes desse mais recôndito «ser» ou de simples transições para o atingir. Assim — facto assás curioso, mas que acabou por se tornar muito discutível — sabe-se que em todos os sistemas metafísicos clássicos o *tempo* era considerado como exclusivamente da ordem dos fenómenos, incluvisé naqueles em que os conceitos de «devir», de «evolução» e de «vida» eram elemento constitutivo da realidade, como em LEIBNIZ e no *Idealismo alemão*, para salvar os quais se tinha de recorrer a um outro conceito de muito mais difícil construção, qual o de um «devir» *intemporal* ou para além do tempo! Ora a nova teoria da realidade, assente na experiência, veio contrapor-se a todas estas tradições metafísicas, na sua maior parte derivadas de pressupostos religiosos, vendo, pelo contrário, em *tudo o que é ser* uma essência e uma existência meramente temporais. **Inclusivamente**, só a partir de aí o «eterno» passou a ser procurado e tornado objecto de investigação. Não se admite já um «mundo» para além do espaço e do tempo. O sujeito ou a consciência não podem, em caso algum, transpor a radical *temporalidade* do Real, como não é possível saltar sobre a própria sombra. «Ser» e «Tempo» na sua inscindível uni-

168 A FILOSOFIA NO SÉCULO XX

dade, tornaram-se, numa palavra, princípio fundamental para esta filosofia moderna e deixaram de ser simplesmente dimensão ou domínio particular da «vida».

Mas justamente aqui é que está o grande perigo. Nesta total inversão da perspectiva ontológica que consiste em subsumir debaixo do conceito de «vida» todo o temporal, todo o devir dos aconteceres e dos processos, contrapondo-os ao conceito de «ser», é que reside precisamente o ponto delicado da Filosofia vitalista. Não queremos agora discutir se será ontologicamente lícito, ou possível, construir o conceito de «ser» apenas conforme com o *ser estático e imóvel* de PARMÉNIDES. Também não queremos discutir o que pode haver de exagerado no facto de se colocar no primeiro plano, hispostasiando-a, a continuidade do «fluxo vital»; ou se acaso as representações de «substância» e de um «suporte» da vida não conservarão ainda qualquer espécie de legítima aplicabilidade em certos domínios específicos dessa vida. Limitamo-nos a focar o facto de se querer erigir a «vida», pura e simplesmente, em princípio fundamental. de todo o Real-temporal. E aqui é que temos a notar também muito sumàriamente o seguinte. Quanta imprecisão e falta de clareza não reinam na base destes conceitos e suas hipostasiações, tomados por pontos cardiais. Quanto confusionismo, alimentado de velhas, embora respeitabilíssimas tradições, não se abriga por trás de todos esses discursos que nos falam dum «fluxo» e dum *«élan vital»* na base de todos os seres e aconteceres do mundo e da realidade!

De facto; e na verdade, a «vida», ou isso a que chamamos vida, não passa afinal de um modo de ser

FILOSOFIA VITALISTA E METAFÍSICA 169

(modus essendi) de certos aconteceres que apenas se nos dão em determinada *região* da realidade. Sem dúvida, eles são muito importantes e até mesmo decisivos para a determinação da nossa estrutura orgânico-vital, mas não podem para nós equivaler, evidentemente, ao *todo* dessa realidade. Como disse uma vez RICKERT, e neste ponto com carradas de razão (embora noutros ele não tivesse visto o lado positivo da Filosofia vitalista): «não é o mundo que *vive*, mas há no mundo uma coisa chamada *vida* e que vive». Ora justamente uma das missões da nova Ontologia consiste na exploração e utilização no mais alto grau possível, em todos os planos da investigação, das novas perspectivas hoje conquistadas pelas diversas ciências sobre a vida e o vital, sem perder de vista o importante significado que aí assume o «devir temporal«, mas sem deixar de combater energicamente, por outro lado, todas as tendências abusivas para erigir e hipostasiar as respectivas *categorias* em princípios universais e exclusivos da realidade. Isso seria Metafísica, e certamente da pior.

IV

Isto pelo que respeita, dum modo geral, ao conteúdo e ao princípio da Ontologia.

Porém, é preciso não esquecer que na Filosofia vitalista uma outra tendência se desenha ainda contra a possibilidade, em qualquer sentido, de toda a Ontologia. Contrapõe-se HERACLITO a PLATÃO. Diz-se que o *fluxo continuo* da realidade — chame-se-lhe «vida» ou outra coisa — não deixa lugar para quaisquer formas

170 A FILOSOFIA NO SÉCULO XX

solidificadas de ser que possam tornar-se objecto duma apreensão ou compreensão filosófica. Diz-se mesmo que, assim como para a noção de substância ou de ser estático, tão pouco existe no mundo da nossa experiência lugar para uma «constante» de quaisquer essências ônticas.

Evidentemente, diga-se de passagem, também aqui reside um dos *leitmotive* da Filosofia dos nossos dias. Este *leitmotiv* é o que se exprime na sua conhecida aversão — ou melhor, na aversão da sua Teoria da realidade, fundada na experiência — a admitir a existência prévia, sob qualquer forma, de quaisquer estruturas que depois apareçam realizadas no nosso mundo ou em qualquer mundo possível, como seria, porventura, a existência prévia duma ordem do ser ou duma ordem racional do Espírito, anteriores à experiência do homem histórico, à das ciências, ou à do próprio movimento da vida.

Como se sabe, um tal pressuposto na maioria dos sistemas metafísicos — desde PLATÃO, através do *realismo conceitualista* da Idade-Média e do racionalismo moderno, até à especulação idealista mais recente — acha-se estreitamente ligado a certas convicções teológico-religiosas e especialmente à ideia de uma «participação» directa da razão humana numa razão divina, contendo em si, desde toda a eternidade, os «arquétipos» de todos os seres reais. Este pressuposto faz-se sentir ainda hoje, inclusive, como um eco longínquo, no *apriorismo* dos neokantianos e da moderna Fenomenologia. Por toda a parte aí, com efeito, a filosofia de certo modo se propõe desenhar, com base na intuição e no seu podər conceitual, um esquema funda-

FILOSOFIA VITALISTA E METAFÍSICA 171

mental que depois a experiência e as ciências particulares terão só de preencher e determinar mais em concreto. E não pequena é a fonte de conflitos que aí se abre entre a Filosofia e as ciências.

Ora também neste particular — importa acentuar — a Filosofia vitalista, partindo das perspectivas que já conhecemos (especialmente no domínio da história), declarou guerra ao referido pressuposto, não admitindo a possibilidade de construções *a priori* de qualquer esquema de formas e essências com a ajuda da intuição ou dos puros conceitos e com total independência da experiência da realidade. Pelo contrário, não é seu pequeno mérito o ter ela precisamente sabido pôr em todo o relevo, em face da pretendida invariabilidade das *formas-tipos* e das *estruturas-legais*, o que a vida tem de movimento contínuo, de permanente transformação, de imprevisível e de criador, inteiramente insuceptível de ser aprisionado dentro de quaisquer «leis» de repetição regular ou de progresso teleológico. Como é outrossim sua não dispicienda virtude o ter também sabido chamar a atenção para o facto de não ser possível construir-se nenhum sistema completo do mundo no nunca acabado dos seus processos. Assim, por exemplo, a respeito da essência do homem, cuja natureza ela reputa não definitivamente concluída para sempre, por este ser ao mesmo tempo um ente livre, nunca esgotado nas suas possibilidades e decisões e, portanto, inesgotável.

Este o aspecto positivo da Filosofia vitalista neste segundo ponto de vista. Se é lícito rejeitar os excessos do *apriorismo* especulativo e transcen-

172 A FILOSOFIA NO SÉCULO XX

dental, a que acabamos de nos referir, será, igualmente lícito negar toda e qualquer ideia de perduração e de invariabilidade nas estruturas ônticas essenciais da realidade e do «si-mesmo» (do *Selbst*)? Sustentaremos a existência de um simples «fluxo» ou corrente de aconteceres, cuja verdadeira significação seria então a de um irracionalismo sem remissão, cuja definição escaparia a toda a apreensão pelo conceito? ARISTOTELES tinha razão quando dizia: todo o progresso na filosofia, qualquer que seja, tem sempre em vista alcançar os princípios invariáveis constitutivos da realidade. A Filosofia vitalista faz isto mesmo com cada um dos seus novos pontos de partida, é certo, para conseguir o acesso a essa realidade. Não devemos esquecer isto. Quer ponha a descoberto, aqui, novas «categorias do vital»; quer se esforce, além, por descobrir, como fazia NIETZSCHE, novos valores da vida; quer contraponha, num caso, a «alma» ao «espírito», quer nos mostre, noutro, a fundamental imprevisibilidade da vida ou as suas ilimitadas possibilidades de futuro dentro da pura historicidade do homem, é sempre esse o seu fim em vista. Não há que negar que tudo isso são afinal, ou pretendem ser, caracteres constantes e traços essenciais invariáveis que ela se esforça por pôr a descoberto. Simplesmente: não são caracteres nem traços que antecedam a experiência nem que a possam e devam determinar. O processo real de desenvolvimento da nossa experiência do mundo na história das ciências e da filosofia mostra-nos o contrário: as *constantes* surgem só lentamente; só pouco a pouco se vão perfilando, através de um ímprobo trabalho, depois de muitos erros e insucessos. Só muito lentamente vamos subindo de certas

FILOSOFIA VITALISTA E METAFÍSICA 173

generalizações empíricas (como as que se deixam
fixar no conceito de *classe*, por exemplo) e de certos
tipos de aconteceres, até às próprias estruturas da
realidade. É uma infundada pretensão, por certo,
a de muitos fenomenologistas quando julgam poder
intuir por meio de uma intuição única e definitiva a
«essência» de qualquer objecto, como esse da «vida». Não
negamos que se possa fazer esta «*abstracção eidética*»
mas o que afirmamos é que ela jamais irá além do
fenómeno, nada mais nos permitindo captar do que
o *modo como* o vital aí se nos dá. O princípio
ôntico da vida em si mesma, porém, como o saber
onde está a fronteira que a separa do inorgânico
ou o saber se tem mais razão o vitalismo que o mecani-
cismo, esses, não há «intuição» alguma ou *Wesenschau*
que no-lo dêem. As *constantes* essenciais da maneira
como nos orientamos no meio da realidade (aliás fenomenologicamente demonstráveis, tais como se revelam
no nosso comportamento, na intuição e na inteli-
gibilidade naturais, na linguagem, etc.), também não
são senão *vias de acesso*, quando muito, para che-
garmos às fontes do ser. O caminho que conduz
até estas é longo, e a linha que separa da experiência os simples conceitos sintéticos ou a visão
profunda da essência das coisas, é, as mais das vezes,
flutuante e indecisa. Jamais conseguiremos demarcá-la
de uma maneira completa e definitiva dentro de um
sistema rígido; nem mesmo se apenas referido aos
caracteres mais gerais do Ser e das suas diferentes
espécies. Uma *estática* das essências só a atingimos
através da *dinâmica* do processo histórico do conhecimento. Mas há um pressuposto geral indispensável

174 A FILOSOFIA NO SÉCULO XX

para a validade daquela em cada um dos estádios e formas desse processo. E este é o de essa estática vigorar para toda a Realidade, tanto na *região* da «vida» como nas demais *regiões* e domínios dela.

V

Com isto prende-se estreitamente também, apesar de distinta, a questão do chamado «ser ideal». Esta constitui, como se sabe, o núcleo, por assim dizer, tanto da Ontologia geral como da Teoria do conhecimento. A Filosofia vitalista de todas as espécies, partindo daquela identidade de real e temporal, de que já falámos, declara também aqui guerra ao platonismo da velha Metafísica. A existência estática de um mundo «eterno» das *Ideias*, independentes e superiores, ao qual o homem aspira, e ao qual, de vez em quando, se eleva, ora fazendo baixar daí até ele os seus reflexos ideais, ora participando neles, é, evidentemente, uma doutrina *(Teoria dos dois mundos)* que a Filosofia vitalista não pode aceitar. Esta desconhece tal *região astral* do Ser, inacessível à transformação e ao movimento. O próprio idealismo moderno com a sua tendência para encorporar essa região numa razão ou *logos* supratemporal, ao mesmo tempo finita e infinita, que depois se desenrolasse através do tempo, é também doutrina que ela desconhece. Para ela a razão é simplesmente uma *função da vida temporal* do homem e das suas vicissitudes históricas. O próprio domínio, até hoje sagrado para todas as teorias, duma região ideal e intemporal, como o das matemáticas e o

FILOSOFIA VITALISTA E METAFÍSICA 175

da ética, das normas e dos valores, esse mesmo é por ela considerado também sujeito à relatividade da situação histórica. Só há, segundo ela, verdades relativas a um *certo tipo de homem* que, por sua vez, é sempre uma realidade essencialmente histórica e contingente. Um dos dois «mundos» da teoria platónica foi portanto eliminado. Pensamento, valor e validade, verdade e aspirações de eternidade, tudo isso são puros produtos e forças da vida a qual, impelida pelo seu próprio dinamismo, constantemente gera novas táboas de valores no lugar dos antigos que são destronados.

Pois bem: do mesmo modo nestas considerações, não obstante já não estar hoje na moda apresentá-las duma maneira tão crua, há que fazer antes de tudo, uma distinção. Uma coisa, com efeito, é a condenação da velha dogmática metafísica, do seu dualismo e do seu alheamento da realidade (ainda patentes no Idealismo alemão) que tais considerações envolvem; outra o desconhecimento, para não dizer a total desfiguração da verdadeira situação do problema metafísico que nelas vão incluídos. Ora é preciso notar que este Psicologismo da Filosofia vitalista é tão insustentável e ontologicamente tão insuficiente (apesar de levar de vencida as velhas posições do logicismo) como o era o Psicologismo dos fins do século XIX.

Não basta ter desaparecido aquele velho entusiasmo com que outrora se falava, com os olhos em alvo, no valor de certas coisas eternas, para além da realidade, para que possamos considerar *ipso facto* desaparecido o facto fundamental característico de toda a nossa apreensão e criação dos valores. Conti-

176 A FILOSOFIA NO SÉCULO XX

nuamos, apesar de tudo, a extrair o ideal das condições históricas em que vivemos com o nosso pensamento e a nossa acção. E é evidente que aqui encontramo-nos, uma vez mais, perante um fenómeno fundamental da realidade vital que nenhuma filosofia tem o direito de desconhecer e a cuja significação ontológica não podemos ficar indiferentes.

É que, seja como for, as nossas apreciações e valorações, mesmo quando relativas e condicionadas, são sempre portadoras, já na sua intensão, já na sua efectivação, dum *quid* de sentido e de validade *supratemporais* e *absolutos*, de que jamais poderá prescindir o sujeito valorante para a situação de que se trata. Este seu carácter de absolutidade e incondicionalidade para além do tempo é um facto inegável no domínio da vida espiritual; não desaparece, mesmo depois de termos renunciado a todas as pretensões duma axiologia de valores «eternos». Com efeito, nem por renunciarmos a tais pretensões esse conceito se converterá num conceito destituído de sentido, como se fora pura especulação. Mais do que isso: o carácter *intemporal* dos valores é pressuposto indispensável para podermos falar com algum sentido na condicionalidade e relatividade históricas das diferentes táboas de valores espirituais. Compreender historicamente, significa, precisamente, o encontrarmo-nos com certas realidades temporais e culturais muito diferentes das nossas mas sobre um terreno aliás de determinados conteúdos de sentido e de valor idênticos, isto é, *supratemporais*. E é evidente que estes *objectos ideais*, os *valores*, surgindo-nos embora do meio da vida e como que afeiçoados por nós próprios, não podem contudo,

FILOSOFIA VITALISTA E METAFÍSICA 177

como fenómeno fundamental irredutível do espírito,
ser explicados como simples derivação ou como simples
movimento dessa mesma vida. Pode dizer-se que esta
questão do particular modo de ser *(modus essendi)*
destas peregrinas essências intemporais e suas conexões, chamadas «valores», é uma questão que hoje
está posta em bases totalmente novas à Ontologia e
que assentam num terreno rigorosamente experimental.

VI

Uma outra questão ou tema que do mesmo modo
volta a pôr-se, em termos parecidos, a essa Ontologia
é a relativa ao espírito que, como realidade, circula
através da história; isto é, o chamado, desde HEGEL,
«espírito-objectivo». Deve dizer-se que estamos igualmente aqui diante de um terreno em que determinadas correntes da Filosofia vitalista (em especial
provindas de DILTHEY e NIETZSCHE, mas também
de SPENGLER) alcançaram não pequenas conquistas.
Note-se, antes de tudo mais, que também neste ponto
esta filosofia soube triunfantemente superar, não só
todas as diferentes espécies de *Metafísica do espírito* anteriores, mas ainda todas as tentativas de compreensão do chamado «espírito histórico», implantadas
em esquemas prévios teleológicos ou providencialistas
(v. g. a duma concepção fixa do progresso, no género do
da dialéctica de HEGEL), segundo as quais todo o devir
temporal do «espírito-objectivo» não passaria de uma
desinvolução, através dos actos humanos, de uma como
que «massa» ou nebulose racional previamente dada e

12

178   A FILOSOFIA NO SÉCULO XX

situada para além do tempo. Em vez disso, e muito pelo contrário, é preciso notar que a Filosofia vitalista se acha também aqui situada, primeiro que tudo, no terreno da realidade temporal. A sua experiência nesta matéria ensina-lhe antes a permanente «corruptibilidade» desse constante vai-vem do fluxo histórico, e da eterna contradança tanto das possibilidades de apogeu e declínio na vida dos povos como dos movimentos desse mesmo «espírito-objectivo».

E contudo igualmente neste ponto, ao interpretar o espírito como «vida», é preciso notar que a Filosofia vitalista toma por um caminho que não tarda em levá-la a perder de vista, ontologicamente, o específico ser e a particular dinâmica do espírito. A vida conhece-se a si mesma a partir de dentro para fora, no seu *auto-viver-se*, como um estado de tensão e de realização psíquica ou psíquico-espiritual. E vistas as coisas assim, o espírito, por sua vez, não é mais que «vida que se exterioriza», «objectivação» de certas condutas e tendências vitais. A nossa contemplação das coisas, querendo pôr de lado toda a lógica supratemporal dum «espírito absoluto» e partir de uma experiência rigorosamente humana, chega assim a só ver nas formas e figuras do espírito meras manifestações da vida nas suas cambiantes e meras figurações duma sua dinâmica imanente, e nada mais. «Só procuramos a alma; a alma é a última coisa a que podemos chegar quando escrevemos a história» — diz DILTHEY. Por isso a compreensão histórica, o «compreender» em história» *(Verstehen)* não pode ir além da vida e da vivência do que é simplesmente psicológico. E todo o processo histórico pode portanto interpretar-se como

FILOSOFIA VITALISTA E METAFÍSICA 179

um processo através do qual «a vida afinal se esclarece a si mesma em toda a sua profundidade.

Sem dúvida, não pode negar-se que neste modo de ver as coisas se abrem grandes possibilidades e se definem grandes temas para a investigação filosófica. Mesmo ontologicamente, a perspectiva que daí se disfruta é, de facto, riquíssima de significado; bastará apontar para aquilo que ela nos revela na *condicionalidade* de todas as realidades do espírito na sua dependência da «vida» que as cria, que as *transporta*, e de que elas são sempre expressão, desde o domínio psicológico até ao biológico. Mas, por outro lado, desde que esta conexão de sequências e recíprocas expressões passa a ser erigida em princípio dominante, senão único, admitido na explicação do *ser* e do *devir* do espírito histórico, ficará imediatamente prejudicado e tornado impossível o verdadeiro conhecimento do autêntico significado deste. E não é preciso para isso que a Filosofia vitalista vá, metafisicamente, até ao ponto de nos falar, como em SPENGLER, daquelas «almas-de-cultura» macrocósmicas, como dum «ser-em-si mesmo» de certas *totalidades* espirituais e culturais, residindo por trás dos fenómenos, ou ainda de certas forças espirituais como tradução de certos estádios da vida biológico-psíquica; como tão pouco é preciso que ela vá até ao exagero de nos falar duma «*imago-mundi*» puramente fisionómica, na qual todo o real-objectivo, incluindo a natureza, não passaria de um palco ou cenário onde vêm materializar-se certas forças e energias «íntimas» e «ocultas». Não é preciso nada disso. Para se dar aqui o desconhecimento do

180 A FILOSOFIA NO SÉCULO XX

significado próprio do espírito, de que falamos, ou para que a desfiguração deste se produza, bastará já a própria tendência da Filosofia vitalista para interpretar todo o espiritual como expressão predominante, quando não exclusiva, da alma, ou seja, da «vida».

Achamo-nos pois aqui em presença duma falsa «psicologificação» do espírito e do total desconhecimento daquela dimensão da realidade em que o homem, aliás partindo da vida, intervém com as suas realizações e afirmações espirituais. Antes de tudo mais, é falsa esta disjuntiva: *ou* auto-regência duma lógica supratemporal, porventura segundo o esquema hegeliano, e *realidade substancial do espírito* autorealizando-se nos homens e através dos homens — *ou* espírito como *simples expressão e mera figuração simbólica* da vida da alma. Por outros termos, se aplicarmos a mesma disjuntiva ao domínio teorético da filosofia: *ou* uma *verdade como sistema cerrado de proposições*, embora completando-se lentamente através de um processo histórico—*ou* simples *simbólica de conceitos* em que coagulam as diversas concepções da vida. A disjuntiva, repetimos, é falsa, porque o particular modo de ser e a particular dinâmica de desenvolvimento do espírito real são muito diferentes dos da vida. A história apresenta-se-nos como um complicado jogo de forças vitais e potências espirituais, influindo-se e combatendo-se umas às outras. Do mesmo modo que «vida» e «alma» se objectivam e se exprimem nas múltiplas figuras e processos do «espírito», assim também certas «constantes» deste, por vezes, exercem a sua característica influência sobre a formação da alma no processo vital, marcando-lhes o caminho e as possibilidades. Inclusivamente, a possi-

FILOSOFIA VITALISTA E METAFÍSICA 181

bilidade de se darem conflitos entre a «alma» e o «espírito» é coisa sempre, mais que provável, necessária e mesmo fatal, sem que para o admitirmos seja necessário considerar o segundo como uma grandeza supratemporal de origem transcendente. Ambos, vida e espírito, são, de facto, realidades temporais, uma erguendo-se sobre a outra; coordenando-se sem nada perderem da sua independência; ajustando-se, convivendo, trazida uma *como que aos ombros* da outra, aceitando a segunda muitos conteúdos da primeira e, por vezes, sendo por ela traída e abandonada.

Esta é enfim a razão pela qual esta questão da determinação das estruturas originais do ser e do acontecer espirituais, em face das formas e estruturas também essenciais da vida e da alma, constitui hoje um dos temas mais importantes da teoria filosófica da realidade e da nova Metafísica fundada no terreno da experiência e do temporal.

VII

Uma última questão queremos ainda tocar, embora só ao de leve, antes de concluir este estudo, que nos conduzirá também até à Metafísica, mas, desta vez, a uma Metafísica no verdadeiro e mais estrito sentido da palavra com todas as suas velhas pretensões. Referimo-nos a uma doutrina preocupada com conseguir apreender uma definitiva e *última unidade* e *totalidade do ser*, de todo o ser e de toda a existência, e especialmente a sua unidade de sentido e de valor. É preciso dizer que em nenhum campo do pensamento

182 A FILOSOFIA NO SÉCULO XX

filosófico do presente reinam maior confusão, dissídio e insegurança do que neste.

Já sabemos que justamente o maior mérito da Filosofia vitalista consistiu em atacar todos os problemas filosóficos numa atitude francamente «positiva», sem preconceitos, no sentido de não escamotear ou eliminar arbitrariamente nenhum deles, como fazia o Positivismo. Este evitava sistematicamente todas as questões *últimas* e tal fuga era, e foi durante muito tempo, considerada um imperativo moral para toda a Filosofia que quisesse passar por séria e revestir-se da dignidade da ciência. Ora, pelo contrário, a Filosofia vitalista, ainda quando hostil à Metafísica, nunca deixou de reconhecer e até de acentuar o que de sério e respeitável há na «consciência metafísica» da humanidade, assim como de inevitável nos seus problemas, relacionados com muitos aspectos da vida. Desde que o ponto de partida voltava a ser o homem e a sua existência em concreto *(Dasein)*, os problemas acerca do sentido da vida, que o final do século XIX tinha afastado no interesse de uma concepção determinista e neutra do universo — só os admitindo, quando muito, como tema prático de organização social e histórica — não podiam evidentemente deixar de ser de novo postos. Mas, por outro lado, partindo essa nova filosofia da «vida» e da experiência vital, não podia também ela deixar de abandonar os caminhos da velha Metafísica clássica que, como já se disse, pressupunham por trás de todo o real a existência dum Absoluto, fundamento de toda a unidade do ser e do sentido. Em vez de admitir assim uma fundamental e originária «racionalidade» na base de todo o real (simul-

FILOSOFIA VITALISTA E METAFÍSICA 183

taneamente sensível e conceitual), como HEGEL, a Filosofia vitalista preferiu ver aí, uma profunda «irracionalidade» em todo o existente, uma expressão de irremediável mistério, ao mesmo tempo que admitia o fragmentário de todas as nossas apreciações, bem como ainda uma íntima e fatal compenetração entre todos os aspectos e lados valiosos e desvaliosos da vida.

É preciso reconhecer que nada concorreu tanto para o descrédito da Metafísica no decorrer do último século como a brusca discrepância, então revelada à consciência da época, entre, por um lado, as várias afirmações de uma harmonia universal aí proclamada (com os seus conselhos práticos para atingir a beatitude na contemplação dum ser e valor absolutos) e, por outro, as duras realidades e experiências dessa época. Pode dizer-se que, desde o radical pessimismo schopenhaueriano com a sua desilusão de toda a Metafísica e Teodiceia dos séculos anteriores, foi-se sempre cada vez mais radicando a convicção (e não só nos sectores do puro ateísmo) de que essa Metafísica, até HEGEL e aos epígonos do Idealismo, nada mais representava afinal do que uma concretização com a veste de ser *(Seinssetzung)* de certos postulados «demasiadamente humanos»; de uma realização em pensamento de belos sonhos dos filósofos: de uma *poesia em conceitos* sublimadores; de lindos «contos de fadas»; ou ainda de uma «descoberta de más razões para revestir com elas aquilo em que por instinto precisávamos de crer». E isto ao mesmo tempo que as realidades da natureza e da história faziam também surgir, no terreno dos problemas de *sentido* e *valor* novas exigências, enquanto o

184   A FILOSOFIA NO SÉCULO XX

«ensombramento» do século ia como que aguçando a
nossa visão filosófica para tudo o que de desarmó-
nico e não-teleológico se revelava no mundo e na vida.

A Filosofia vitalista formula as suas interrogações acerca do sentido das coisas partindo da vida
finita e temporal, como já dissemos. São as experiências e as vicissitudes da vida, tal como no-las oferecem a natureza e história, que constituem o seu
ponto de arranque, a sua base, e que lhe fornecem a
matéria para as soluções. A realidade do acaso, a cor-
rutibilidade e a sinistra ameaça de toda a existência,
especialmente para tudo o que é precioso e nobre,
o constante e sempre eminente perigo de ruína e declínio
para toda a realização histórica, eis aí para ela experiências decisivas. Mas estas são tão evidentes como
as contrárias: riqueza, exuberância, nobreza e plenitude, bem como todas as inesgotáveis possibilidades
criadoras da vida. A temporalidade é para ela tanto
o terreno autêntico de todos os seus malogros (já o era
em quase todas as concepções acerca do tempo, desde
PLATÃO e S. AGOSTINHO até SCHOPENHAUER) como a
verdadeira e única dimensão da liberdade, para a
conquista do futuro e de todo o poder criador no seio
do finito. Certamente, a Filosofia vitalista está ante
as grandes decisões e soluções do século XIX sem
abraçar nenhuma delas: nem a da secularização da
antiga fé religiosa num Deus infinitamente perfeito,
convertida agora na de uma harmonia universal, nem
a de um pandemonismo construído como consequência
de um amargo desencantamento e desilusão da vida.
NIETZSCHE, como se sabe, representa neste ponto a
máxima oposição a ambas estas oritenações. Este

FILOSOFIA VITALISTA E METAFÍSICA 185

homem foi, com efeito, o mais apaixonado adversário tanto da velha aliança da Metafísica com a Teologia como de todas as tendências do homem europeu para se refugiar na doce contemplação dum sistema harmonioso de ideias. Foi ele ainda quem tornou patente o que de duvidoso e ilegítimo havia na pretensão de trazer ao tribunal da razão — uma razão intemporal e eterna — para os fazer julgar aí, o mundo e a vida, à luz de uma verdade no fundo só extraída dos nossos desejos, das nossas humanas... «demasiado humanas» necessidades, escalas de valores e discutíveis representações de fins. Sabe-se como o seu mais alto objectivo foi justamente o de descobrir os «valores» da vida e todos os seus possíveis sentidos, extraindo-os por auscultação da mesma vida, em vez de os ir buscar, para julgar esta, a qualquer escala de valores «eternos» já previamente dada.

E contudo, mais uma vez, também aqui o perigo era grande de vir afinal a *hipostasiar-se* metafisicamente o próprio princípio da vida. Assim, não se conseguiu evitar que aqui ou além, no lugar da velha Metafísica panteísta ou pandemonista, viesse inserir-se o pensamento de um Deus que a si mesmo se faz e que *devém* — de um Deus *«qui se fait»*, na fórmula de BERGSON — e que não tardou em ultrapassar o quadro de ideias da Filosofia vitalista para se tornar num *leitmotiv* de muitas preocupações metafísicas do presente. O todo do universo passa a interpretar-se como uma *totalidade de vida* em permanente desabrochar, lutando com toda a espécie de resistências e atritos, e em cujo termo exclusivamente reside, afinal de contas — ao invés do que supunha a Metafísica-teoló-

186 A FILOSOFIA NO SÉCULO XX

gica clássica — a perfeição e a plena consumação de todo o sentido da realidade. Isto é: o mundo seria assim um enorme *processus* de uma progressiva idealização e auto-realização de «Deus» na série ilimitada do tempo.

Pois bem: eis aí, uma última vez, a nota metafísica no seu pior sentido. Tudo isto é, com efeito, uma especulação da qual temos todo o direito de desconfiar: uma síntese de velhas maneiras de pensar e de velhos hábitos mentais, sem qualquer base experimental religiosa ou «profana». Qualquer que seja o valor do paradoxo de um Deus que se eleva através do tempo até ao absoluto, a verdade é que a experiência e o conhecimento que temos da realidade através das ciências, estão longe de nos mostrar a existência de um tal *«processus* universal» do mundo como série única de aconteceres e, muito menos, com um processo vital único, como vida de um organismo. O esquema representativo de uma «evolução» permanente através dum progresso contínuo, com o qual a filosofia sofreu na história tão rudes desenganos (como sobretudo a própria Filosofia vitalista revelou), é principalmente aqui que se mostra inadequado. Mais: se algum terreno existe onde não possa aplicar-se é justamente este. Mais do que em nenhum outro domínio, trata-se aqui, nesta referência do conceito de vida ao todo do Universo, de uma tradução ou confusa *transposição* de certas representações demasiadamente humanas acerca do ser, dum certo sentido das coisas e de certos desejos muito nossos.

Seja-nos lícito dizer para concluir:

A missão da nova Metafísica é simultaneamente mais modesta e mais difícil. O seu campo de investigação

FILOSOFIA VITALISTA E METAFÍSICA   187

é o mesmo da experiência da realidade, incluindo o da
auto-experiência «existencial» do homem no seu «estar-
-no-mundo». O seu *pathos* entusiasta é o do amor
da verdade, ou o da veracidade, próprios da reflexão
crítica ao exercer-se sobre os dados da realidade e ao
pretender penetrar, sem preconceitos, nas diferentes
camadas do ser. Nenhuma unidade do universo ou
totalidade de sentido universal lhe são previamente
dadas. Muito ao invés disso: por toda a parte ela topa
com radicais e essenciais diversidades ônticas, com
uma pluralidade e inesgotável riqueza de «regiões»,
estruturas e camadas do ser, em muitos aspectos independentes umas das outras, e frequentemente até entre
si opostas, embora mùtuamente relacionadas. Sem
dúvida, tal Metafísica vai também em procura de laços
de interdependência e de uma unidade do ser. Ao
mesmo tempo que descobre o diverso e o contradi-
tório, investiga igualmente onde está o harmónico,
o interdependente e o uno. Simplesmente: não pres-
supõe de uma maneira gratuita estes últimos «momentos»
na base e na essência da realidade. Nos problemas do
ser e do valor, mas sobretudo nos segundos, a nova
Metafísica esforça-se por se libertar do velho *antropo-
centrismo*, tanto de matiz teológico como de matiz
vitalista. O seu lema é antes este: achar os característicos *modos de ser* e de *valer* típicos de cada região ôntica
ou de cada sector axiológico. Arranca, por exemplo,
da verificação de que os modos de ser e os valores do
espírito são muito diferentes dos da alma; como
estes, por sua vez, o são dos da «vida»; ou como
os desta ainda o são, por último, das forças elementares do inorgânico, situadas antes e para trás

188 A FILOSOFIA NO SÉCULO XX

da última. E arranca também duma segunda verificação: assim como a «vida» extrai, por assim dizer, a sua substância da camada infrajacente dessas forças elementares, de que falamos, ficando todavia exposta a sofrer a sua maior potência, na forma do «acaso» e da «sorte», assim também, embora numa direcção diferente, o espírito tanto pode surgir ou como a mais alta realização e fruto da vida ou como seu «antognista» e factor de destruição. O conteúdo de valor e o «sentido» da realidade total não podem, em caso algum, ser determinados a partir de uma só e única esfera ou camada dessa realidade complexa a que chamamos mundo. Os diferentes temas e problemas filosóficos exigem, para serem atacados, o prévio reconhecimento e a esforçada investigação não só das antinomias de valor e de sentido, inerentes à própria arquitectura da realidade, dos conflitos latentes no seio de todo o ser e existência, senão ainda de todas as possíveis e reais concordâncias que aí, por outro lado, se deixam observar.

A actividade cognoscitiva do filósofo, ao tactear em todas as direcções o ser e ao diligenciar penetrá-lo, não é de modo algum uma fuga vertiginosa atrás de uma suposta e já postulada harmonia, porventura já preexistente ao mundo ou sequer projectada no futuro. É simplesmente um encontro activo com esse mesmo mundo que nos circunda, tal como ele se nos oferece e patenteia no coração da nossa própria vida.

BIBLIOGRAFIA

SOBRE A FILOSOFIA DO SÉCULO XX (Introdução)

Obras de carácter geral:

W. Moog, *Die deutsche Philosoph. des 20. Jahrhunderts*, 1922; Max Scheler, *Die deutsche Phil. der Gegenwart*, 1922, in Witkop, *Deutsches Leben der Gegenwart*, 1922; R. Müller-Freienfels, *Die Ph. des 20 Jahrhunderts in ihren Hauptströmungen*, 1923; B. Groethuysen, *Les tendances actuelles de la Phil. allemande depuis Nietzsche*, 1926; F. Heinemann, *Neue Wege der Philosophie, Geist, Leben, Existenz*, 1929; E. V. Aster, *Ph. der Gegenwart*, 1935;—M. Muller, *Die französische Ph. der Gegenwart*, 1926; J. Benrulei, *Philosophische Strömungen in Frankreich*, 1928; G. Hess, *Franz. Phil. der Gegenwart*, 1933; D. Parodi, *La Philos. contemporaine en France*, 3.ª ed., 1925;—R. Metz, *Die phil. Strömungen der Gegenwart in Gossbritanien*, 1935; J. H. Muirhead, *Contemporary British Phil.*, 1924; Perry, R. B., *Present philos. tendencies*, 1919; A. G. Widgery, 1927;—G. Mehlis, *Italienische Philos. der Gegenwart*, 1942; De Ruggiero, *La Filosofia Contemporanea*, 2.ª ed., 1920; Ugo Spirito, *L'idealismo italiano* 1930; — Ver ainda o relatório de H. Slochower sobre a Filosofia americana, in *Philos. Almanach*, de Reichl, IV, 1927; e G. Meyer, *History of american idealism*, 1925;—L. Brulez, *Holländische Philos.*, 1926; H. J. de Vleeschauwer, *Stroomingen in de hedendaagsche Wijisbegeerde*, 1934. Cf. ainda também o *Grundriss der Geschichte der Philos.* de Überweg, vols. IV e V, 1923 e 1928; Heimosoeth, *Metaphysik der Neuzeit*, 1929, cap. VIII; e Th. Litt, *Die Philos. der Gegenwart und ihr Eïnfluss auf das Bildungsideal*, 1939.

Monografias:

Ver na série: *Philos. Forschungs-Berichte*, 1930 e seg.: Burkamp, *Naturphilos. der Gegenwart*; Leisegang, *Religionsphilos. der Gegw.*; Messer, *Wertphilos. der Gegw.*; Larenz, *Rechts-und Staatsphilos. d. Gegw.*; Kaufmann, *Geschichtsphilos. der Gegw.*; Odebrecht, *Ästhetik der Gegw.*; Lersch, *Lebensphil. der Gegw.*; etc.; ver também: *Deutsche systema-*

190 A FILOSOFIA NO SÉCULO XX

tische Philos. nach ihren Gestaltern, edit. por SCHWARZ 1901 e seg.; *e Philos. der Gestaltern*, in *Selbstdarstellungen*, edit. por SCHMIDT, 1921 e anos segs.

PROBLEMAS DO CONHECIMENTO (Cap. I)

Escola de Viena:

M. SCHLICK, *Allgemeine Erkenntnislehre*, 2.ª ed., 1920, e *Fragen der Ethik*, 1931; R. CARNAP, *Der logische Aufbau der Welt*, 1928; L. WITTGENSTEIN, *Tractatus logico-philoso-phicus*, 1922; H. REICHENBACH, *Philos. der Raum- und Zeit-lehre*, 1928; *Wissenschaftliche Weltauffassung: der Wiener Kreis*, edit. pela sociedade ERNEST MACH, 1929; Revista: *die Erkenntnis*, ed. por CARNAP e REICHENBACH;—RUSSEL, *Principia mathematica* (em colaboração com WHITEHEAD), 3 vol., 2.ª ed., 1925-27; L. COUTURAT, *Les principes des mathémati-ques*, 1905; CARNAP, *Abriss der Logistik*, 1929; ver além disso: H. SCHOLZ, *Geschichte der Logik*.

Neokantismo:

G. LEHMANN, *Geschichte der nachkant. Philos.*, 1931, de pág. 171 a 233; COHEN, *Logische Grundlagen der exakten Wis-senschafften*, 1921 (2.ª ed.); e COHN, *P. Natorp, Kant und die marburg. Schule*, 1918. Sobre a escola de BADEN: RICKERT, *Grundprobleme der Phil.*, 1934 e *Die Heidelberger Tradition und Kants Kriticismus*, in: *Deut. systemat. Philos. nach ihren Gestaltern*, edit. por SCHWARZ, 1934; A. FAUST, *H. Richert u. seine Stellung innerhalb d. deut. Philos. der Gegw.*, 1927: B. BAUCH, *Wahrheit, Wert und Wirklichkeit*, 1923; *Das Natur-gezets*, 1924, e *Die Idee*, 1926. Cfr. ainda: a obra de E. V. ASTER, *Die Phil. der Gegw.*, págs. 4-53. E sobre a Filosofia da imanência: W. SCHUPPE, *Grundriss der Erkenntnistheorie u. Logik*, 1910. Sobre o idealismo gnoseológico de HUSSERL, ver principalmente: *Ideen zu einer reinen Phänomenologie*, i, 1913: e *Formale und transzendent. Logik*, nos *Jahrbücher für Phil. und phünomen. Forschung*, 1929, bem como aí ainda: *Medi-tations cartésiennes. Introdution à la Phénomenologie*, 1831. —Sobre a crítica científica, ver: H. POINCARÉ, *La Science et*

BIBLIOGRAFIA 191

l'Hypothese, 1902; *La valeur de la science*, 1905; P. DUHEM, *La Théorie physique*, 1906; G. MILHAUD, *Essai sur les condit. et les limites de la certitude logique*, 1894; E. MEYERSON, *Identité et réalité*, 1907: e *Du cheminement de la pensée*, 1932; LE ROY, *Science et Philosophie*, in *Rev. de Métaphysique*, 1900; ROUGIER, *Les paralogismes du rationalisme*, 1920; e HANEQUIN, *Ess. critique sur l'hypothese des atomes dans la science contemp.*, 1899.—Sobre a Fenomenologia, ver: HUSSERL, *Logische Untersuchungen*, 3.ª ed., 1922 e as outras obras deste autor; ver também os trabalhos publicados nos *Jahrbücher für Phil. und phän. Forschung*, desde 1913. E cfr. ainda: E. FINK, *Die phänom. Philos. Husserls in der Gegenw*; *Kritik*, in *Kants-Studien*, 38, 1933; CELMS, *Der phänom. Idealismus*, 1928. Sobre o intucionismo: N. LOSSKY, *Die Grundlegung des Intuitivismus*, 1908; BERGSON, *Introd. à la Métaphys.* e J. KÖNIG, *Begriff der Intuition*, 1926. Sobre a Psicologia descritiva de BRENTANO, vide: F. BRENTANO, *Psychologie vom empirischen Standpunkt*, 1925.

Teoria do conhecimento das «ciências do espírito»:

WINDELBAND, *Geschichte und Naturwissenschaft*, 1894; H. RICKERT, *W. Windelband*, 1929; H. RICKERT, *Die Grenzen der naturwiss. Begriffsbildung*, 1921; *Geschichtsphilos.*, in *Die Philos. im Beginn des XX Jahrh.*, 1904, e *Kulturwissenschaft und Naturwiss.* 1926, 7.ª ed.; DILTHEY, *Einleitung in die Geisteswissenschaften*, e *Der Aufbau der geschichtl. Welt der Geisteswiss.* Sobre DILTHEY ver L. LANDGREBE, *W. Diltheys Theor. der Geisteswiss.*—E. SPRANGER, *Die Grundlagen der Geisteswiss.*, 1905; *Zur Theorie des Verstehens*, 1918; *Der Sinn der Voraussetzungslosigkeit in den Geisteswiss.*; THEOD. LITT, *Geschichte und Leben*, 1930; ROTHACKER, *Einleit. in die Geisteswiss.*, 1930; *Logik u. Systematik d. Geisteswiss.*; *Handbuch d. Philos.*, 1927; *Geschichtsphil.*, 1935;—Sobre o realismo gnoseológico: E. v. HARTMANN, *Der philos. Kritizismus*; O. KÜLPE, *Die Realisierung. Ein Beitrag z. Grundl. d. Realwiss.*, 1913-22; FRISCHEISEN-KÖHLER, *Wissenscaft und Wirklichkeit*, 1812; N. HARTMANN, *Metaph. der Erkenntnis*, 1925, e M. SCHELER, *Idealrealismus*, in *Phil. Anzeiger*, II, 1927; —Sobre a Filosofia dos valores: H. RICKERT, *Vom System*

192 A FILOSOFIA NO SÉCULO XX

der Werte, in *Logos*, IV, 1913; M. SCHELER, *Der Formalismus in der Ethik und die materielle Wertethik*, 1913 (2.ª ed., 1921); N. HARTMANN, *Ethik*, 2.ª ed., 1935; V. EHRENFELS, *System der Werttheorie*, 1887; A. MEINONG, *Über emotionale Präsentation*, 1917; MÜNSTERBERG, *Philos. der Werte*, 1908; K. BÖHM, *Der Mensch und seine Welt, Axiologie und Wertlehre*, 1906; A. MESSER, *Deutsche Wertphilosophie der Gegenw.*, 1930; HEYDE, *Gesamtbild des Wertbegriffs*, 1928; J. A. MACKENZIE, *A Manuel of Ethies*, 1929; J. LAIRD, *The idea of value*, 1929; G. E. MOORF, *Principia ethica*, 1929 − B. B.PERRY, *General theory of value* ,1926; W. M. URBAN, *The consciousnesse of value*, Psicol. Revue, 1902.

Sobre o problema do eu alheio: M. SCHELER, *Wesen u. From der Sympathie*, 1926, e *Umsturz der Werte*, 1919; — Sobre a realidade do mundo externo: W. DILTHEY, *Beiträge zur Lösung der Frage v. Ursprung unseres Glaubens a. d. der Aussenwelt*, 1890; M. SCHELER *Die, Wissensformen und di. Gesellschaft*, 1926; N. HARTMANN, *Zum Probl. der Realitätsgegebenheit*, 1931; — Sobre a Mentalidade dos primitios: LÉVY-BRÜHL, *Les fonctions mentales dans les sociétés inférieurs;* 1910; E. DURKHEIM, *Les formes élémentaires de la vie réligieuse*, 1913; *La mentatité primitive*, 1922; *Le surnatuvel et la nature dans la mentalité principale*, 1932; CASSIRER, *Philos. der symbol. Formen*; W. DILTHEY, *Die Typen der Weltanschauungen*, 1931;. K. JASPERS, *Psycholog. der Weltanschauungen*, 1925; H. LEISEGANG, *Denkformen*, 1928 — Sobre o pragmatismo; W. JAMES, *Essays in radical empirism*, 1922; BOUTROUX, *William James*, 1911; FLOURNOY, *Die Ph. von W. J.*, 1911; SCHILLER, *Humanismus*; *Formal logic*, 1931; *Logic for use*, 1929; J. DEWEY, *Die menschliche Natur*; *Nature and experience*, 1925; — Sobre a Filosofia da vida: TH. LITT. *Erkenntnis und Leben*, 1925; PH. LERSCH, *Lebensphil. der Gegenw.*, 1932; G. MISCH, *Lebensphil, und Phänomenologie*, 1931, Cfr. MISCH, *Die Idee der Lebensphil. in der Teorie, der Geisteswissenschaften*, in *Kant-Studien*, vol. XXXI; — Sobre Metafísica: J. VOLKELT, *Über die Möglichkeit d. Metaph.*, 1884; *Phänomenologie und Metaph., d. Zeit*, 1925; P. WIRST, *Die Auferstehung der Metaph.*, 1920; D. H. KERLER,. *Die auferstandene Metaph.*, 1922; — Sobre o Neohegelianismo: GENTILE. *La riforma della dialettica hegeliana*, 1832; MEHLIS, *Ital. Phil*

BIBLIOGRAFIA 193

der Gegenw.; H. LEVY, *Die Hegel—Renaissance*, 1927;—Sobre
o neo-idealismo inglês: R. METZ, *Die philos. Strömugen...*, vol. I;
N. HARTMANN, *Metaphys. der Erkenntnis*, 1925.

AS «REGIÕES» DA REALIDADE (Cap. II)

Sobre o problema da vida: HANS DRIESCH, *Naturbegriffe
u. Natururteile*, 1904; *Philos. des Organischen*, 1909; *Der
Vitalismus als Geschichte und Lehre*, 1905; *Das Lebenspro-
blem*, 1931; J. SCHULTZ, *Die Maschinentheorie des Lebens*, 1909;
H. ST. CHAMBERLAIN, *Natur u. Leben*, 1929; E. DACQUÉ, *Das
Leben als Symbol*, 1928; *Natur und Seele*, 1927; FRIEDMANN;
Die Welt der Formen, System eines morph. Idealismus, 1925,
AD. MEYER, *Ideen und Ideale der blolog. Erkenntnis*, 1934;
E. BECHER, *Einleit. in die Philos.*, 1926; *Die fremddienliche
Zweckmässigkeit d. Pflanzengallen u. d. Hypothese eines über-
individ. Seelenlebens*, 1917; R. FRANCÉ, *Bios. Die Gesetze d.
Welt.*, 1921; J. REINK, *Einleitung in die theor. Biologie*, 1912;
Philos. der Botanik, 1905; G. WOLFF, *Mechanism. u. Vitalis-
mus*, 1805; ED. V. HARTMANN, *Das Probl. des Lebens*, 1906;
J. V. UXKÜLL, *Theor. Biologie*, 1928; *Umwelt und Innenwelt
der Tiere*, 1909; *Bausteine einer biol. Weltanschauung*, 1913;
Die Lebenlehre, 1909; BERGSON *L'évolution créatrice*, 1907;
C. E. M. JOAD, *A realist philos. of life*, 1925; *A theory of Vita-
lism*, 1918; J. S. HOLDANTE, *Die phil. Grundlagen der Biolo-
gie*, 1932; *The Phylos. of Biologist*, 1935; M. HEIDENHAIN.
Formen u. Kräfte in der lebend. Natur, 1932; J. C. SMUTS,
Holism and Evolution, 1927; O. KOEHLER, *Das Ganzheits-
probl. in der Biologie*, 1933; A. MEYER, *Kriseepochen und Wen-
depunkte d. biol. Denkens*, 1935; E. RADL, *Geschichte der bio.
Theorien*, 1903; A. BAVINK, *Ergebnisse und Probleme d. Naturwiss.*, 1933; W. BURKAMP, *Naturphilos. der Gegewart*, 1930;
F. LIPSIUS, *Naturphilos. des anorganischen*, 1923; K. SAPPER,
Naturphil. des organischen. 1928.

Sobre o problema da realidade psíquico-espiritual;
W. DILTHEY, *Ideen über eine beschreibende u. zerglied. Psychologie*, 1894; H. BERGSON, *Les donées immédiates de la
conscience*, 1889; R. LACOMBE, *La psych. bergsonniene*, 1933;
K. BÜHLER, *Die Krise der Psych.*; E. JAENCH, *Die Psychol.*

194　　A FILOSOFIA NO SÉCULO XX

der Gegenw. in Deuts., nos *Jahrb. der Philos. III*, 1927;
K. KOFFKA, *Psychologie*, in *Lehrb. der Philos.*—ED. SPRAN-
GER, *Psych. des Jugendalters*, 1928; *Lebensformen*, 1930;
KLAGES, *Vom Wesen des Bewusstseins*, 1926; *Die psych. Errun-
genschaften Nietzsches*, 1930; MAC DOUGALL, *Social-psycholo-
gie*, 1908; J. DEWEY, *Human Nature and Conduct, an introd.
to social-psychology*, 1922; C. G. JUNG, *Seelenprobleme d.
Gegenwart*, 1931; — Sobre a «Psicolog. *da forma*»: VON EHREN-
FELDS, *Über Gestaltqualitäten*, 1890; M. WRTHEIMER, *Drei
Abhandl. z. Gestaltstheorie*, 1924; W. KÖHLER, *Psych. Probleme*,
1933; M. SCHELER, *Die Lehre v. der Gestalt*, 1931; N. HARTMANN,
Die Gestaltstheorie, 1929; F. KRÜGER, *Über psych. Ganzheit*, 1926;
K. BÜHLER, *Die Gestaltwahrnehmung*; M. GEIGER *Fragm. über den
Begriff des unbewussten u. d. psych. Realität*, 1921; S. FREUD,
Theoret. Schriften ,C. G. JUNG, *Seelenprobl. der Gegenw.*, 1931;
Wirklichkeit der Seele, 1934; WATSON, *Psychology from the stand-
point of a behaviorist*, 1919; *Behaviorismus*, 1930.

Sobre o problema de ser espiritual, sobre o psicologismo
e a luta contra ele travada, cfr. MOOG, *Logik, Psychologie und
Psychologismus*, 1920; e *Geistiges Sein als Ideal-geistiges*;
N. HARTMANN, *Zur Grundlegung der Ontologie*, 1935; A. V.
PAULER, *Grundlagen der Philos.*, 1925. — Sobre o espírito-
-objectvo: H. FREYER, *Theorie des objectiven Geistes*, 1923;
N. HARTMANN, *Das Problem. des geistigen Seins*, 1933; sobre
a questão vida e espírito, ver DILTHEY e SIMMEL, *Lebesan-
schauung.* 1922; TROELTSCH, *Der Historismus*, etc., 1922; O. PPEN-
GLER, *Der Untergang des Abendlands*, 1918-1922; L. KLAGES, *Der
Geist als Widersacher der Seele*, 1929; *Mensch u. Erde*, 1927;
M. SCHELER, *Die Stellung des Menschen im Kosmos*, 1928.

Sobre Ontologia: A. MEINONG, *Untersuchungen z. Gegen-
standstheorie*, 1904; *Über die Stellung der Gegenstände i. System
der Wissenschaften*, 1907; *Ges. Abhandlungen*, 1913; H. PIS-
CHLER, *Über Cr. Wolffs Ontologie*, 1910; *Über die Erken-
nbarkeit der Gegenstände*, 1909; O. HAMELIN, *Éssai sur les élé-
ments principaux de la réprésentation*, 1907; F. H. BRADLEY;
Appearance and Reality, 1892; *A Metaphysical Essai*, 1930;
S. ALEXANDER, *Space, Time and Reality*, 1927; E. HUSSERL,
Ideen z. e. reinen Phänomenologie, 1913; H. DRIESCH, *Wirklich-*

BIBLIOGRAFIA 195

keit, 1933; G. JACOBY, *Allgermeine Ontologie der Wirkl.*, 1925;
M. HEIDEGGER, *Sein und Zeit*, 1931; *Vom Wesen des Grundes*, 1925; N. HARTMANN, *Log. und ontol. Wirklichkeit* in *Kant--Studien*, XX, 1915; *Wie ist Krit-Ontolog. überhaupt möglich?*,
in *Festschrift f. P. Natorp.*, 1924; *Kategoriale Gesetzte* (in *Phil,
Anzeiger*, I, 2.) 1926; *Zur Grundlage d. Ontol.*, 1935; W. SESEMANN, *Die logischen Gesetze und das Sein* (separata de «*Erenus*», cad. II, 1932); cfr. ainda LEHMANN, *Die Ontol. der Gegenwart in ihren Grundgestalten*, 1933; sobre a polémica entre a
Filos. Transcendental e as modernas tendências para a Ontologia, cfr. H. RICKERT, *Die Logik des Prädikats u. d. Probl.
der Ontol.*, 1930.

O HOMEM E A HISTÓRIA (Cap. III)

Sobre Antropologia filosófica: M. SCHELER, *Die Stellung
d. Menschen im Kosmos*, 1928; *Mensch u. Geschichte*, in *Phil.
Weltanschauung*, 1929. Cfr. *Blätter f. deut. Phil.*, vol. III, 1929-30'
artigos de V. HAERING, BUYTENDIJK e BURKAMP; H. PLESSNER,
Die Stufen des Organischen und des Menschen, 1918; cfr. KLAGES,
Mensch u. Erde, 1927; FR. STEIFERT, *Die Wissenschaft v. Menschen
in d. Gegenwart*, 1930; e J. RITTER, *Über den Sinn u. d. Grenze der
Lehre v. Menschen*, 1933; M. SCHELER, *Die Wissenschaft, u. d.
Gesellschaft*, 1926; H. BERGSON, *Matiére et Mémoire*, 1896;
M. PALAGYI, *Naturphtl. Vorlesungen über d. Grundprobl. des
Bewusstseins und Lebens*, 1924; *Wahrnehmungslehre*, 1925.

Sobre Psicologia médica: E. KRETZSCHMER, *Mediz. Psychologie*, 1922; C. G. JUNG, *Die Psych. der unbewussten Prozesse*, 1908; *Psych. Typen*, 1921; *Die Beziehungen zwischen d.
Ich u. Bewustsein!* BINSWANGER, *Einführung in die Probl. der
allgemeinen Psych.*, 1922; SCHILDER, *Mediz. Psychol.*, 1924;
A. WENZEL, *Das Leib-Seele-Problem*, 1933.

Sobre a «Teoria da Constituição»: FR. KRAUS, *D. allg. und
spezielle Pathol. der Person*, 1919; *Die Biologie der Person*, 1926;
E. KRET SCHMER, *Körperbau und Charakter*, 1921; E. JAENSTCH,
Studien zur Psych. menschl. Typen, 1930; A. CHAILLON, *Morphologie médicale, étude des quatre types humains*, 1912. Sobre
o problema da expressão: L. KLAGES, *Ausdrucksbewegung
nnd Gestaltungskraft*, 1923; *Handschrift und Charakter*, 1916;

196   A FILOSOFIA NO SÉCULO XX

BÜHLER, *Ausdruckstheorie*, 1933; R. KASSNER, *Grundlagen der Physiognomik*, 1921; *Die physiognom. Weltbild*, 1930; H. KRUCKENBERG, *Die Gesichtsausdruck d. Menschen*, 1923; BOGEN e LIPPMANN, *Gang und Charakter*, 1931; W. BÖHLE, *Die Körperform als Spiegel der Seele*, 1929. Sobre o problema da liberdade: E. BOUTROUX, *De la contingence des lois de la nature*, 1874; H. BERGSON, *Les donées immédiates*; N. HARTMANN, *Ethik*, 1935. Sobre o problema de personalidade: J. M. E. MAC TAGGERT, *The Nature of Existence*, 1921-1927; W. KARR, *The unique Status of Man*, 1928; J. E. TURNER, *Personality and Reality*, 1926; O. HAMELIN, *La réprésentation*, etc., já citada; M. SCHELER, *Der Formalismus in der Ethik*, já citada; W. STERN, *Die menschliche Persönlichkeit*, 1923; G. GENTILE, *L'atto del pensare come atto puro*, 1912; *Teorie generale dello spirito come atto puro*, 1916; KARL JASPERS, *Allgem. Psychopathologie*, 1913; J. DEWEY, *Die mensachl. Natur*, 1931; Sobre a Caracteriologia: L. KLAGES, *Prinzipien der Charakterologie*, 1928; F. SEIFERT, *Charakterologie*, 1929; A. KRONFELD, *Lehrbuch der Charakterkunde*, 1923; G. KERSCHENSTEINER, *Charakterbegriff und Charaktererziehung*, 1929; PFAHLER, *Schiksal u. Vererbung*, 1932; *System der Typenlehre*, 1929; R. HEISS, *Persönlichkeit und Charakter*, 1936; J. ORTEGA Y GASSET, *Buch des Betrachters*, 1934.

Sobre a Filosofia existencial: M. HEIDEGGER, *Sein und Zeit*, 1931; K. JASPERS, *Philosophie*, 1932; *Vernunft u. Existenz*, 1935; E. GRIESEBACH, *Wahrheit und Wirklichkeit*, 1919; G. MARCEL, *Journal métaphys.*, 1928; CH. DU BOS, *Extraits d'un journal*, 1928; J. PFEIFFER, *Existenzphilosophie*, 1933—Sobre o problema da morte: G. SIMMEL, *Lebensanschauung*, 1918, M. SCHELER, *Schriften aus d. Nachlass*, 1933; M. HEIDEGGER; obra citada: J. WACH, *Das Problem des Todes in der Philos. unserer Zeit*, 1934. Sobre a Ética:—M. SCHELER, *Über Ressentiment und Moral*, in *Umsturz der Werte*; H. SCHWARZ, *Das sittliche Leben*, 1919; R. EUCKEN, *Die Einheit des geist. Lebens in Bewusstsein und That*, etc., 1888; *Der Wahrheitsgehalt der Religion*, 1901; H. SCHWARZ, *Das Ungegebene, eine Religions- -und Wértphilos*, 1932; J. LAGNEAU, *De l'éxisteme de Dieu*, 1925; M. BLONDEL, *Le probl. de la Phil. catholique*, 1932; S. S. LAURIE, *Synthetica*, 1906.

BIBLIOGRAFIA 197

Sobre a Filosofia da Sociedade:—F. Tönies, *Gemeinschaft u. Gesellschaft*, 1887; E. Durkheim, *Les régles de la méthode sociolog.*, 1885; *Sociologie et Philos.*, 1924; H. Freyer, *Soziologie als Wirklichkeitswiss.*, 1930; *Einleit. in die Soziolog.*, 1931; E. Troeltsch, *Zum Begriff und zur Methode der Soziol.*, in *Weltwirtsch. Archiv*, VIII, 1916; *Der Historismus*, 1922; Max Weber, *Ges. Aufsäze z. Wissenschaftslehre*, 1922; *Grundriss der Sozialökonomie*, III, 1925; Ch. Jaspers, *M. Weber*, 1932; W. Sombart, *Anfänge der Soziol.*, in *Hauptprobl. der Soz.*, *Erinnerungsgabe, für Max Weber*, 1922; Alfr. Webre, *Prinzipielles z. Kultursoziologie*, in *Archiv f. Sozialwis*, vol. xlvii, 1920-21; *Ideen z. Staatsund Kultursoz.*, 1927; O Spann, artigo *Soziologie* in *Handwörterb. der Staatswiss*; e *Gesellschaftslehre*, 1923; *Gesellschaftsphil,.* 1928. —Sobre a Sociologia «formal»; G. Simmel, *Grundfragen der Soziol.*, 1908; M. Scheler, *Die Wissenschaft und die Gesellschaft*, 1926; M. Weber, *Ges. Aufs. zur Religionssoziol.*, 1920; Troeltsch, *Ges Aufs. z. Geistesgesch. und Religionssoziologie, (Ges. Schriften*, IV) 1924; *Die Soziallehren der chr. Kirchen* (ibid.) 1919. Sobre a Sociologia do Povo:—M. E. Böhm, *Das eigenständige Volk*, 1932; G. Ipsen, *Progr. und Soziol. des deut. Volkstums*, 1933. — Sobre o tema da «dirigência»: M. Scheler, *Schrften aus d. Nachlese*, 1933 (fragmento: *Vorbild und Führer)*; V. Pareto, *Trattado di sociolog. generale*, 1916; *Trasformazione della democrazia*, 1921; G. Sorel, *Réfléxions sur la violence*, 1908; Ortega y Gasset, *La rebelión de las masas*; Th. Litt, *Individuum und Gemeinschaft*, 1926; P. Natorp, *Sozialidealismus*, 1922; H. Steinlraber, *Deutsche Gemeinschaftsphil. der Gegenw.*, 1933; *Phil. der Gemeinschaft*, 1929; e ainda Freyer, *Gegenwartsaufgang d. deuts. Soziologie*, in *Zeits f. die ges. Staatswiss.*, 95, págs. 116 e seg., 1935.

Sobre a Filosofia da História: além dos trabalhos de Dilthey sobre as ciências do espírito, ver a sua correspond. com o Conde P. York v. Wartenburg, 1923; Kaufmann, *Die Philos. des York v. Wartenburg*, 1928; Simmel, *Die Probl. der Geschichsphilos.*, 1923; Ad. Xénopal, *La théorie de l'histoire*, 1908; E. Troeltsch, *Der Historismus u. seine Probl.*, 1922; B. Croce, *Theorie und Gesch. der Historiogra-*

198   A FILOSOFIA NO SÉCULO XX

phie, 1913; P. Barth, *Die Phil. der Gesch. als Soziologie,* 1897;
F. Nietzsche, *Vom Nutzen und Nachteil der Historie für das
Leben*; E. Troeltsch, *Der Historismus u. seine Uberwin-
dung.,* 1924; R. Eucken, *Philos. der Geschichte,* in *Kultur der
Gegenw.,* I, IV, 1907; O. Spann, *Geschichtsphil.,* 1932; *Kathe-
gorienlehre,* 1924; K. Breysig, *Der Stufenbau u. d. Gezetse der
Weltgeschichte,* 1905; Tr. Haering, *Die Struktur der Weltgesch,*
1921. Cfr. J. Burkhardt, *Weltgesch. Betrachtungen.*

      O. Spengler, *Der Unterg. des Abendlands,* 1918-1922;
L. Frebenius, *Paideuma, Umrisse einer Kultur u. Seelen-
lehre,* 1921;—E. Spranger, *Die Kulturzyktentheorie u. d. Problem d. Kulturverfalls,* 1926, in *Sitz. Berichte d. pr. Akad.
d. Wiss.*—Sobre o problema das raças:—além de Gobineau,
W. Scheidt, *Rassenkunde und Kulturkunde,* 1931; V. Eickstedt,
Rassenkunde. und Rassengeschichte. d. Menschheit, 1933; L. Sche-
mann, *Die Rasse in den Geisteswiss.,* 1928; H. F. K. Günther,
Rasse und Stil, 1927; E. Voeglin, *Die Rassenidee in der Geis-
tesgesch. v. Ray bis Karus,* 1933; H. St. Chamberlain, *Die
Grundlagen des XIX Jahrhund.,* 1899; A. Rosenberg, *Der Mithos
d. 20. Jahrhund.,* 1930; G. Le Bon, *Les lois psych. de l'évolu-
tion des peuples,* 1854.—Sobre o problema das gerações,—
O. Lorenz, *Die Geschichtswissenschaften,* 1891; W. Pigér,
Das Probl. der Generation in der Kunstgesch. Europas, 1928:
Ortega y Gasset, *El tema de nuestro tiempo*; W. Scheidt,
Lebensgesetze der Kultur, 1929.—Exposições sobre Filosofia
da História: E. Rothaker, *Geschichichtsphilos.,* 1934 *(Hondbuch
der Phil.,* IV F); F. Kaufmann, *Geshichtsphil. der Gegenwart,* 1931;
Th. Haering, *Hauptprobleme der Geschichtsphil.,* 1925.

      Sobre a crítica da contemporaneidade: L. Klages, *Der Geist
als Widersacher der Seele* (supar); O. Spengler, *Der Unterg.
d. Abendlands* (supra); *Der Mensch und die Tecknik,* 1931;
M. Scheler, *Schriften zur Soziol—und Weltanschauun-
gslehg,* 1923; Chamberlain e Rosenberg (supra); Moeller
van der Bruck, *Das dritte Reich,* 1923; M. Weber, especialmente *Wissenschaft als Beruf*; Jaspers, *Die geistige Situation
der Zeit,* 1931; G. Sorel, *Les illusions du progrés,* 1908; Enola,
Erhebung wider d. moderne Welt, 1935; Ortega y Gasset, *La
rebelión de ias masas, e Tema de nuestro tiempo.*

INDICE

	Págs.
Nota à 4.ª edição	5
Nota à 3.ª edição	7
Nota à 2.ª edição	9
Prefácio	11
INTRODUCÃO	15

Capítulo I — Os PROBLEMAS DO CONHECIMENTO 23
    I — O Idealismo transcendental 26
    II — A Crítica científica 31
    III — A Fenomenologia 36
    IV — Tendências derivadas da Fenomenologia . . . 41
    V — A Restauração da Metafísica 50

Capítulo II — As «REGIÕES» DA REALIDADE 55
    I — O problema da vida 59
    II — O problema da realidade psíquica e espiritual 67
    III — O problema do ser espiritual 76
    IV — Os grandes problemas da moderna Ontologia 80

Capítulo III — O HOMEM E A HISTORIA 87
    I — A nova Filosofia do homem 90
    II — A unidade do composto-humano 95
    III — A Liberdade e a Personalidade humana . . . 98
    IV — O problema do «sentido» da existência humana 105
    V — O problema do «ser social» 116
    VI — A Filosofia da História 126

A FILOSOFIA VITALISTA E A METAFÍSICA 141

BIBLIOGRAFIA 189

Execução gráfica
da
TIPOGRAFIA LOUSANENSE
Lousã — Abril/82